DES DEARLOVE

Die Bill Gates Methode

UEBERREUTER

Die Deutsche Bibliothek – CIP-Einheitsaufnahme

Dearlove, Des:
Die Bill Gates Methode : Die 10 Erfolgsgeheimnisse
des reichsten Unternehmers der Welt /
Des Dearlove. – Wien : Wirtschaftsverlag Ueberreuter, 2000
    Einheitssacht.: Business the Bill Gates Way <dt.>
    ISBN 3-7064-0635-7

Unsere Web-Adressen:

http://www.ueberreuter.at
http://www.ueberreuter.de

S 0519   1 2 3 / 2002 2001 2000

Alle Rechte vorbehalten
Aus dem Amerikanischen von Regina Berger
Originaltitel: „BUSINESS THE BILL GATES WAY:
10 Secrets of the World's Richest Business Leader",
erschienen bei AMACOM, a division of the American Management
Association, International, New York
Copyright © 1999 by Des Dearlove
Copyright © der deutschsprachigen Ausgabe 2000
by Wirtschaftsverlag Carl Ueberreuter, Wien/Frankfurt
Umschlag: INIT, Büro für Gestaltung
unter Verwendung eines Bildes der Bildagentur ZEFA
Printed in Hungary

Inhalt

Dank

Ich möchte mit diesem Buch die Faktoren, die Bill Gates über einen derart langen Zeitraum so enorm erfolgreich gemacht haben, unvoreingenommen analysieren. Ob man nun in Gates den Antichrist oder den Messias sieht, seine Geschichte läßt nur einen Schluß zu: Er ist ein durch und durch bemerkenswerter Mensch, der seit nunmehr über zwanzig Jahren die Computerbranche beherrscht.

Mein Dank gilt vor allem Randall E. Stross, James Wallace und Jim Ericson für ihre hervorragenden Publikationen über Microsoft, die ich als wertvolle Quelle der Inspiration nutzen konnte.

Ein herzliches Dankeschön möchte ich auch Stephen Coomber für seine Recherchen und Erkenntnisse sowie Mark Allin, Richard Burton und Catherine Meyrick bei Capstone Publishing sagen.

Des Dearlove

Vorwort

Die Management-Gurus sagen uns, in der heutigen Wirtschaftswelt sei das Lernen eine Voraussetzung für Erfolg im Wettbewerb. Manager müssen sich ständig neue Fähigkeiten und Methoden aneignen, um für die Auseinandersetzungen auf dem Markt gerüstet zu sein. Organisationen müssen sich in lernende Organisationen verwandeln, in denen das Lernen ein fester Bestandteil des Daseins und der Kultur der Organisation ist. All das ist zweifellos richtig, zumindest in der Theorie. In der Praxis jedoch gibt es kaum echte lernende Organisationen. In Wahrheit sind Manager nicht sehr gut im Lernen. „Der Erfolg auf dem Markt hängt zunehmend davon ab, daß man imstande ist zu lernen, doch die meisten Menschen wissen nicht, wie man lernt. Dazu kommt, daß jene Mitglieder der Organisation, die vielfach für die lernfähigsten gehalten werden, in Wirklichkeit nicht sehr gut darin sind", meint Chris Argyris von der Harvard Business School.[1] Eines der Ziele der vorliegenden Buchreihe besteht darin, Managern beim Lernen zu helfen; ihnen Gelegenheit zu geben, von den Besten zu lernen.

Dieses Vorhaben mag übertrieben ehrgeizig wirken. Doch bedenken Sie, wie Manager lernen. Zunächst einmal lernen sie aus ihren Erfahrungen. Chris Argyris hat jedoch zu Recht darauf hingewiesen, daß man aus Erfahrungen nicht zwangsläufig lernt. Wie vielen Führungskräften sind Sie schon begegnet, die alle Erfahrung der Welt besitzen, aber kaum über wirkliches Verständnis von Zusammenhängen verfügen? Möglicherweise behaupten sie, 30 Jahre Erfahrung zu haben, doch dabei handelt es sich oft nur um die Erfahrungen eines Jahres, die dreißigmal gemacht wurden. Erfahrung bedingt nicht automatisch Lernfortschritte. Nur weil

*Die Wirtschafts-
hochschulen bleiben der
Theorie verhaftet, doch
in der Wirtschaft geht
es um das praktische
Tun.*

jemand Jahrzehnte in einem Unternehmen verbracht hat, muß er noch lange nicht weise sein.

Des weiteren können Führungskräfte in Trainingsprogrammen lernen. Die meisten hochrangigen Manager haben das eine oder andere Executive Program einer Wirtschaftshochschule hinter sich gebracht.

Die Fallstudien und die für die Business Schools typische Konzentration auf die Analyse ermöglichen es den Managern zweifellos, sich bedeutsame Kenntnisse anzueignen. Doch die Bandbreite dieser Kenntnisse und ihr praktischer Nutzen werden regelmäßig in Zweifel gezogen – nicht zuletzt von denen, die in den Managementkursen unterrichten. „Die Vorstellung, man könne intelligente, aber unerfahrene 25jährige Menschen, die noch nie irgend etwas oder irgend jemanden gemanagt haben, in einem zweijährigen MBA-Kurs in effektive Manager verwandeln, ist lächerlich", meint der Strategieguru Henry Mintzberg.[2]

Der ehrwürdige Peter Drucker äußert sich ebenfalls seit langem kritisch über die Wirtschaftsuniversitäten. „Die vor knapp hundert Jahren in den Vereinigten Staaten gegründeten Wirtschaftsuniversitäten bilden lediglich gute Büroangestellte aus", schrieb er bereits im Jahr 1969.[3] In jüngerer Zeit hat er den Niedergang der Business Schools vorhergesagt, da diese unter einem „verfrühten Erfolg" litten. „Nun verbessern sie die Vergangenheit ein wenig. Das Schlimmste, was man tun kann, ist zu verbessern, was man überhaupt nie hätte tun sollen."

Die Wirtschaftshochschulen bleiben der Theorie verhaftet, doch in der Wirtschaft geht es um das praktische Tun. „Ich halte nicht sehr viel von Diplomen. Sie eignen sich nicht, um die Arbeit zu machen. Meine Noten waren nicht so gut wie die anderer, und ich machte die Abschlußprüfung nicht. Der Leiter der Schule rief mich zu sich und erklärte mir, ich müsse die Universität verlassen. Ich sagte ihm, daß ich kein Diplom wollte, da es weniger wert sei als eine Eintrittskarte für das Kino. Eine Eintrittskarte garantierte dir zumindest, daß du hineinkamst. Ein Diplom garantierte für gar nichts." Diese Worte stammen von Soichiro Honda, dem Gründer des gleichnamigen Konzerns.[4]

Mit überraschendem Understatement erklärte der ehemalige Leiter von Chrysler, Lee Iacocca: „In einer formalen Ausbildung kannst du eine Menge lernen, doch viele der im Leben unverzichtbaren Fähigkeiten mußt du allein entwickeln." Deutlicher sagte es der verstorbene Leiter von Avis und Autor von *Up the Organization*, Robert Townsend. „Stellen Sie keine Absolventen der Harvard Business School ein", lautete seine Warnung. „Dieser Elite fehlen meiner Meinung nach einige grundlegende Voraussetzungen für den Erfolg: Demut, Respekt für die Leute auf der ausführenden Ebene, ein echtes Verständnis für die Natur des Unternehmens und die Leute, die Freude daran haben, es erfolgreich zu machen, Respekt seitens der Untergebenen, nachweisliches Durchsetzungsvermögen, Fleiß, Loyalität gegenüber den Untergebenen, Urteilsvermögen, Fairneß und Aufrichtigkeit unter Druck."[5]

Häufig angeführte Beispiele für Menschen, die keinen Abschluß vorweisen konnten und dennoch den Gipfel des geschäftlichen Erfolgs erklommen, sind Bill Gates, Richard Branson von Virgin und Anita Roddick von Body Shop. „Einer meiner größten Vorteile bei der Gründung von The Body Shop bestand darin, daß ich nie eine Wirtschaftsuniversität besucht hatte", sagt Anita Roddick. Auch Jim McCann, der Gründer von 1-800-Flowers, ist davon überzeugt, daß sein Unternehmen niemals entstanden wäre, hätte er eine Wirtschaftsuniversität besucht: „Ich hätte viel zu viel darüber nachgedacht, warum dieses Geschäft nicht funktionieren konnte."[6]

Drittens kann ein Manager von seinen Kollegen lernen. Diese Methode ist sehr wirkungsvoll. Der gegenwärtige Trend zu Mentoring und Coaching zeigt, daß die hochrangigen Manager wesentlich dazu beitragen können, die Fähigkeiten jüngerer Manager zu entwickeln. Doch was ist, wenn der Vorgesetzte eine ineffiziente Führungskraft ist, die lediglich ihre Zeit absitzt und keinerlei Interesse daran hat, Talente für die Zukunft zu fördern? Was, wenn der Vorgesetzte inkompetent ist? Was, wenn die Ambitionen eines aufstrebenden jungen Managers die Sachkenntnis seines Vorgesetzten erheblich übersteigen? Was kann er dann lernen?

Viele Manager suchen die Antwort in einem der vielen Bestseller von Unternehmensleitern. Führungskräfte kaufen Millionen derartiger Bücher. Sie möchten herausfinden, was in den Köpfen erfolgreicher Unternehmenskapitäne vorgeht. Sie wollen die Gehirne dieser großen Männer sezieren. Doch sie werden durchweg enttäuscht. Die meisten Bücher erfolgreicher Manager sind von ihrem alles beherrschenden Ego verzerrt und leben nur von rückblickender Analyse. Sie wurden von Ghostwritern verfaßt und vermitteln eine geisterhafte Botschaft. Zumeist schildern diese Bücher eine Karriere durch die rosarote Brille, anstatt eine objektive Analyse von Managementtechniken zu liefern. Ihr Wert als Lehrmaterial ist beschränkt – was nicht heißen soll, daß sie keinen Unterhaltungswert besitzen.

Diese Reihe über die Geheimnisse großer Manager soll diese Lücke schließen. Das Ziel ist eine objektive Beurteilung der Führungsmethoden und der Denkweise einiger Größen des Business. Bei jedem Unternehmer, der Aufnahme in diese Reihe gefunden hat – sei es Bill Gates, Rupert Murdoch, Richard Branson oder Jack Welch – werfen wir einen genauen Blick darauf, wie er seine Aufgaben in Angriff nimmt. Was unterscheidet seinen Zugang von dem anderer Manager? Wo liegen seine Stärken? Und vor allem: Welche Lehren können aus seinem Erfolg gezogen werden?

Wie Sie sehen werden, verteilen wir die Weisheit nicht mit großen Löffeln. Statt dessen möchten wir Ihnen die Erkenntnis vermitteln, daß Management eher eine Wissenschaft ist, deren Lektionen sich mundgerecht portionieren lassen. „Guru? Von Zeit zu Zeit findet man ja ein Juwel. Aber das meiste ist ziemlich banal", sagt Rupert Murdoch. „In der Wirtschaftsabteilung von Doubleday's kann man sich mit all diesen wundervollen Titeln eindecken. Dann gibt man 300 Dollar aus, und nach einiger Zeit wirft man sie alle wieder weg." Theorie ist etwas für Leute, die Zeit haben. Management hingegen, das ist Action pur.

Fragen Sie doch Bill Gates!

Anmerkungen

1 Argyris, Chris, „Teaching smart people how to learn." *Harvard Business Review,* Mai–Juni 1991

2 Mintzberg, Henry, „The new managment mind-set." *Leader to Leader,* Frühjahr 1997

3 Drucker, Peter, *The Age of Discontinuity,* Heinemann, London 1969

4 Crainer, Stuart (Hrsg.), *The Ultimate Book of Business Quotations,* Capstone, Oxford 1997; AMACOM, New York 1998

5 Townsend, Robert, *Up the Organization* (vergriffen)

6 Bruce, Katherine, „How to succeed in business without an MBA." *Forbes,* 26. Januar 1998

Leben und Wirken von Bill Gates

Das Phänomen Gates

Mit 43 ist Bill Gates der reichste Mann der Welt. Seit 23 Jahren leitet er sein Unternehmen Microsoft, und man schätzt ihn derzeit auf rund 50 Milliarden Dollar (wobei Gates selbst behauptet, ein Großteil seines Geldes sei ohnehin in Microsoft-Aktien gebunden), ein Vermögen, das die Vorstellungskraft seiner Zeitgenossen meist übersteigt. Kein Wunder also, daß Gates ebenso viel Neid wie Neugier weckt.

Dieser Mann ist ein Phänomen des 20. Jahrhunderts, der größte aller Cyber-Tycoons. In Bars und Restaurants scheint es mittlerweile ein beliebter Zeitvertreib geworden zu sein, Freunde und Bekannte mit Berechnungen seiner Kaufkraft zu verblüffen. Es ist ziemlich verlockend, in der Vorstellung zu schwelgen, daß bisher noch kein Unternehmer so reich war. Natürlich kennen wir auch andere Superreiche wie Henry Ford und John D. Rockefeller, um nur zwei von ihnen zu nennen. Doch Gates' Reichtum ist nur ein Teil der Faszination, die von ihm ausgeht.

Der kometenhafte Aufstieg des Bill Gates zu Ruhm und Vermögen führt uns die Entstehung einer völlig neuen wirtschaftlichen Weltordnung vor Augen, an deren Spitze eine ganz neue Art von Unternehmern und Führungspersönlichkeiten steht. Man könnte diese Leute als weltfremde Streber bezeichnen, und doch wissen sie vieles, was den meisten von uns verschlossen bleibt. Sie erkennen das Potential der neuen Technologien mit einem Instinkt, den wir von den traditionellen Generalisten unter den Managern und Erbsenzählern unter den Finanzexperten nicht erwarten dürfen. Sie erweisen sich als klug – als überaus klug sogar – in Dingen, die wir nicht verstehen, und das löst in uns Außenstehenden ein deutliches Unbehagen aus.

Diese Leute haben die Zukunft im Gegensatz zu uns „im Griff". Als technisch versierter und intellektueller Vertreter einer Elite zeigt uns etwa Bill Gates, welche Art von Führungskräften demnächst auf uns zukommt. Obwohl in Redmond, Washington, beheimatet, dürfen wir Bill Gates als den größten unter den sogenannten Silicon-Valley-Unternehmern bezeichnen. Für manche Microsoft-Mitarbeiter ist ihr Chef eine mystische, ja beinahe religiöse Figur, während andere Leute in der Branche in ihm den Antichrist schlechthin sehen. Beide Sichtweisen sind stark überzeichnet, doch sie zeigen, welchen Einfluß dieser Mann hat. (Bei all dem Getöse rund um Gates' angeblichen Monopolmißbrauch vergißt man nur allzu leicht, daß noch in den siebziger Jahren auch IBM Ziel kartellrechtlicher Untersuchungen war. Im Rückblick verblassen derlei Dinge oft. Heute betrachten wir Big Blue im Vergleich zu Microsoft geradezu als die Gemeinschaft der Heiligen. So ist die Macht – am meisten fürchtet man das, was man am wenigsten kennt.)

An Ihrer Uni werden Sie wohl keine Informationen über die Managementtechniken und den Führungsstil à la Gates erhalten. Akademische Management-Experten und -Gurus verhalten sich merkwürdig still, wenn es um die Faktoren geht, die den Microsoft-Vorsitzenden und -CEO so erfolgreich machen. Vielleicht fühlen sich diese Leute von Gates brüskiert. Schließlich hat er sein Studium in Harvard abgebrochen, wo er Rechtswissenschaften als Hauptfach belegt hatte. Die akademische Gemeinde zieht den konventionelleren Typ vor – den Geschäftsmann der alten Schule.

Wo also können wir uns informieren, wenn wir erfahren möchten, was es mit diesem außergewöhnlichen Mann auf sich hat? Wo wäre das besser möglich als in der Microsoft-Enzyklopädie *Encarta*? Dort liest man unter dem Eintrag Gates, William, Henry, III: „Ein Großteil des Erfolgs von Gates beruht auf seiner Fähigkeit, technische Visionen in Marketingstrategie umzusetzen und Kreativität mit technischem Sachverstand zu kombinieren." Was schließlich Bill Gates von jedem anderen großen Unternehmer der Geschichte unterscheidet, das ist der enorme Einfluß, den er auf unser aller Leben ausübt. Konzentrierte sich die Macht der früheren Tycoons und Wirtschaftskapitäne zumeist auf einen einzelnen Sektor oder eine Branche, streckt der Krake Microsoft mit Hilfe der Macht der hauseigenen Software seine Tentakel bis in die privatesten Sphären unseres Lebens aus.

Medienzare wie Rupert Murdoch machen uns mißtrauisch, weil sie kontrollieren können, was in unseren Zeitungen und auf unseren Bildschirmen erscheint. Doch der Einfluß von Leuten, die Software schreiben, bleibt für uns alle unberechenbar. Die Microsoft-Enzyklopädie *Encarta* ist nur eines von vielen Beispielen dafür, wie Bill Gates und sein Unternehmen jeden Aspekt unseres Lebens unterwandern. Kein Wunder also, daß uns angesichts dieser Dominanz auf dem Software-Markt ein Unbehagen befällt. Wie viele führende Wirtschaftsleute bekommen schließlich die Chance, die Geschichte umzuschreiben?

Doch sollten wir uns bei all der Hysterie im positiven wie im negativen Sinn die Frage stellen: Was für ein Mensch ist Bill Gates eigentlich? Haben wir es bei ihm mit einem hirnlastigen, aber doch gutartigen Intellektuellen zu tun, der sich gerade zur richtigen Zeit am richtigen Ort befand? Oder umgibt diesen Menschen, der sich bereits mit 20 zur Ruhe hätte setzen können, aber lieber weiter 16 Stunden täglich malochte, etwas Unheimliches? Zahllose Geschichten kursieren über den genialen Mathematiker und Computer-Programmierer, doch auch über den anderen, den rücksichtslosen Geschäftemacher, der mit allen Mitteln gegen Konkurrenten ins Feld zieht. Nur wenn wir die Fakten herausarbeiten, anstatt uns von Märchen blenden zu lassen, werden wir den wahren Bill Gates erkennen. Und was sich nach einer solchen Analyse zeigt, ist ein sehr viel komplexeres Bild.

Hier geht es nicht ausschließlich um eine Karriere, die von technischer Brillanz und einem schier unglaublichen persönlichen Reichtum geprägt ist. Die Geschichte des Bill Gates handelt vielmehr von einer bemerkenswerten geschäftlichen Vision und dem an Besessenheit grenzenden Wunsch zu gewinnen. Zugleich geht es auch um einen radikal neuen Führungsstil, wie er in der Welt der Wirtschaft bisher unbekannt war. Was Bill Gates den Führungskräften der Zukunft anbietet, ist ein neues Modell, in dem Eigenschaften und Fähigkeiten vereint sind, die bereits für die Herausforderungen des kommenden einundzwanzigsten Jahrhunderts taugen. Trotz all seiner Fehler und Unzulänglichkeiten kann Bill Gates der nächsten Generation von Unternehmern und Managern wertvolle Lehren mitgeben.

Bills Vision: Ein Computer auf jedem Schreibtisch und in jedem Haushalt

Seit den Anfangstagen von Microsoft verfolgt Gates seine Vision, wonach irgendwann „ein Computer auf jedem Schreibtisch und in jedem Haushalt" stehen sollte. (Interessanterweise fand sich im Originalslogan auch noch ein Hinweis auf Microsoft-Software für diese Computer, doch dieser wird zumeist weggelassen, weil er bei den Menschen unangenehme Gefühle weckt.)

Im Rückblick erscheint uns die Verbreitung des PCs über die Büros hinaus auch in die privaten Haushalte als beinahe unvermeidlich. Nur: Ein Blick zurück ist sicher eine herrliche Sache, der Blick nach vorn kann sich jedoch als weitaus lukrativer erweisen, wie uns Gates gezeigt hat. Wir dürfen nicht vergessen, daß die heute

Ein Rückblick ist sicher eine herrliche Sache, der Blick nach vorn kann sich jedoch als weitaus lukrativer erweisen, wie uns Gates gezeigt hat.

allgegenwärtigen Bildschirme und Keyboards, die uns allen längst zur Selbstverständlichkeit geworden sind, noch vor wenigen Jahrzehnten ins Reich der Science fiction gehörten. In den sechziger Jahren, als Zukunftsforscher in Amerika versuchten, jene Trends herauszuarbeiten, die die Gesellschaft in den verbleibenden dreißig bis vierzig Jahren des Jahrhunderts prägen würden, ließen sie den Siegeszug des Computers dabei völlig außer acht. Es ist sicherlich kein Zufall, daß Gates in seiner Jugend mit Begeisterung Science-fiction-Bücher verschlang.

Es stimmt nicht, daß Bill Gates allein für die Verbreitung der PCs in den Wohnungen und Büros überall auf der Welt verantwortlich ist, ebenso wie sich Henry Ford die Verbreitung des Automobils nicht allein auf seine Fahnen heften kann. Beiden gemeinsam ist jedoch ihr Gefühl für das Mögliche und ihre Vorreiterrolle bei der Umsetzung von Visionen in Realität.

Gates ging an die Verwirklichung seiner Vision heran, indem er Microsoft zu einem wichtigen Player in der Computerindustrie machte und seine dominante Position zur Schaffung einer entsprechenden Plattform für das enorme Wachstum im Bereich der Software-Anwendungen nutzte. Er erkannte schon sehr früh, wie wichtig es ist, selbst einen

Branchenstandard vorzugeben, wenn man seiner Vision zum Durchbruch verhelfen möchte. Und er wußte, daß die besten Chancen auf eine Führungsrolle in der Computerindustrie nur der Schnellste haben konnte.

Mehrere Jahre bevor IBM mit dem Auftrag an Gates herantrat, ein Betriebssystem für den neuen IBM-PC zu entwickeln, beklagte sich Gates bereits über das Fehlen einer gemeinsamen Plattform und sagte voraus, daß sich das Potential des PCs ohne eine solche Plattform nicht ausschöpfen ließe. Einige damals von ihm verfaßte Artikel legen den Schluß nahe, daß er sich ebensowenig wie jeder andere eine Vorstellung von der Rolle machte, die das Schicksal ihm zugedacht hatte. Wahr ist aber auch, daß Gates, als sich seine Chance bot, diese sofort erkannte und mit beiden Händen ergriff. Und seit damals hat er sie nicht wieder losgelassen.

Anfang der achtziger Jahre machte sich Gates an die Umwandlung seiner Firma Microsoft von einem Entwicklungsbetrieb für Programmiersprachen zu einer diversifizierten Softwarefirma, die alles, von Betriebssystemen wie Windows über Anwendungen wie Word und Excel bis zu eigenen Programmierwerkzeugen produzieren sollte. Und im Zuge dieser Umstrukturierung krempelte er die gesamte Computerbranche um.

Wer Gates gern kritisiert und ihn monopolistischer Tendenzen bezichtigt, sollte einmal kurz innehalten und darüber nachdenken, wo die PC-Revolution heute stünde, hätte nicht Bill Gates zur richtigen Zeit, wenn auch getrieben von Eigeninteresse und Eigennutz, eingegriffen. Schließlich läßt sich trotz seiner Fehler schwerlich bestreiten, daß er in diesem neuen technologischen Zeitalter eine ganz wesentliche Rolle spielt. Und Kritiker sollten auch immer bedenken, daß er, im Gegensatz zu vielen der wirklich Reichen dieser Welt, nach wie vor für seinen Lebensunterhalt arbeitet.

Verschrobene Streber
werden die Welt erben

Gates ist einer der wenigen Firmengründer und –chefs, die in der Computerbranche von der Seite der Technik herkommen, überlebt haben und auch betriebswirtschaftlich erfolgreich agieren. Er ist ein echter Computer-Freak.

William Henry Gates III. wurde am 28. Oktober 1955 in Seattle, Washington, geboren. Seine Eltern nannten ihn in Anspielung auf das III. in seinem Namen Trey, und familienintern trägt er diesen Spitznamen bis heute. Gates war ein intellektuell überaus waches Kind – er las die Familienenzyklopädie bereits im Alter von acht oder neun Jahren von A bis Z. (Sein Unternehmen, Microsoft, sollte später übrigens die weltweit erste Enzyklopädie auf CD-ROM, die *Encarta*, herausbringen.) Doch seine eigentliche Begabung lag auf mathematischem Gebiet, wo er hervorragende Leistungen erbrachte.

Der junge Bill zeigte sich schon mit 12 Jahren von Computern fasziniert, und er beteiligte sich während seiner gesamten Highschool-Zeit zusammen mit seinem langjährigen Geschäftspartner und Freund Paul Allen an verschiedenen Programmierprojekten. Mit Allen gründete er später auch Microsoft.

Der hervorragende Schüler schien, anders als viele andere hochtalentierte Kinder, eigentlich in allen Fächern ausgezeichnete Leistungen zu erbringen. Ehrgeiz und ein starker Drang zu gewinnen werden ihm seit frühester Kindheit nachgesagt. In Lakeside, der privaten Eliteschule in Seattle, die Anlaufstelle für einige der begabtesten Kids der gesamten Westküste ist, entwickelte sich Bills Liebe zur Mathematik zu einer Besessenheit für Computer. Doch sogar in Lakeside blieb Bill ein Außenseiter. Die anderen Kinder machten sich über ihn lustig, wohl weil er um vieles intelligenter war als seine Kollegen.

James Wallace und Jim Erickson schreiben in ihrem Buch *Mr. Microsoft:* „Sogar in einer Umgebung wie Lakeside, in der intelligente Kinder durchwegs respektiert werden, konnten die allzu intelligenten wie Gates schon mal zur Zielscheibe des Spotts einiger anderer werden."[1]

Ein Klassenkollege, heute prominenter Architekt in Seattle: „Gates tat sich meistens mit den Kids im Computerraum zusammen. Sozial war er ein wenig zurückgeblieben und fühlte sich in der Gegenwart anderer unwohl. Der Junge war völlig besessen von Computern … Man sah ihn gelegentlich Tennis spielen, aber sonst tat er eigentlich nicht viel. Zu Beginn hatte ich richtig Ehrfurcht vor Gates und den anderen im Computerraum, in gewisser Weise waren sie meine Idole. Doch als ich merkte, daß man mit ihnen so überhaupt nichts anfangen konnte, mied ich ihre Gesellschaft. Sie sind teilweise der Grund, warum ich mich dann nicht weiter mit Computern beschäftigte… Diese Leute waren sozial irgendwie gehemmt oder arrogant, und ich wollte auf keinen Fall sein wie sie."[2]

Sind das die berüchtigten sauren Trauben? Vielleicht. Doch ganz offensichtlich wirkten Gates und seine Kumpel auch in Lakeside ein wenig anders als die anderen. In seinem vorletzten Schuljahr war Gates für die jüngeren Lakeside-Hacker bereits zu einer Art Guru geworden. Häufig hielt er stundenlang hof im Computerraum und erzählte Geschichten über berühmt-berüchtigte Hacker.

Gates und einige seiner Computerfreunde gründeten die Lakeside Programmers Group, die sich mit einträglichen Möglichkeiten zur Anwendung der neuerworbenen Programmierfertigkeiten befaßte. Und es zeichnete sich auch bereits ein Muster ab. Gates sagte dazu später: „Ich hatte die Fäden in der Hand. Ich war derjenige, der sagte ‚Versuchen wir es doch in der realen Welt und sehen wir zu, ob wir denen nicht etwas verkaufen können.'" Damals war er gerade 13 Jahre alt.

Gates' enge, auf dem gemeinsamen technischen Interesse beruhende Beziehung zu seinem um zwei Jahre älteren Kollegen Allen scheint sich in dieser Zeit entwickelt zu haben. Allens Rolle in der Microsoft-Geschichte und die Rolle einer kleinen Clique von Lakesider-Schülern, die später bei Microsoft eingestellt wurden, wird häufig unterschätzt. Gates, Allen sowie Kent Evans und Richard Weiland – zwei weitere Mitglieder der Lakeside Programmers Group – verbrachten häufig ganze Nächte gebannt vor dem Bildschirm, erst an einem Minicomputer der General Electric und später an einem Gerät der Computer Center Corporation, so daß sie manchmal erst in den frühen Morgenstunden nach Hause kamen.

Der jugendliche Bill ging so sehr in seinem Hobby auf, daß sich seine Eltern ernstlich Sorgen zu machen begannen. Sie verboten ihm zeitweise diesen Zeitvertreib, weil sie fürchteten, Bills Lernerfolge könnten darunter leiden. Beinahe ein ganzes Jahr lang hielt sich der gehorsame Sohn von Computern fern. Und es ist typisch für seinen unstillbaren Wissensdurst, daß er in dieser Zeit seine Aufmerksamkeit sofort anderen Gebieten zuwandte. Er las eine Reihe von Biographien, darunter jene von Napoleon und Franklin D. Roosevelt. Er wolle, so gab er an, verstehen, wie die großen Persönlichkeiten der Geschichte dachten. Außerdem las er einschlägige Werke der Wirtschaft und Wissenschaft und einige Romane. Eines seiner Lieblingswerke war *Der Fänger im Roggen,* und später zitierte er angeblich seinen Freundinnen lange Passagen aus diesem Buch. Holden Caulfield, die Hauptfigur, wurde zu einem seiner Helden.

Vorerst aber wurden alle Pläne, die der junge Bill allenfalls gemeinsam mit seinem Highschool-Freund und Hackerkollegen zur Gründung einer Softwarefirma haben mochte, auf Eis gelegt. Seine Eltern bestanden darauf, daß er aufs College gehe; ihrer Ansicht nach konnte es ihm nicht schaden, mit anderen Studenten zusammenzukommen.

Gates' hoher IQ und sein großer persönlicher Ehrgeiz sicherten ihm einen Platz in einer Elite-Universität. So traf er – eigentlich ohne konkrete Vorstellungen – im Herbst 1973 in Harvard in Cambridge, Massachusetts, dem prestigeträchtigsten Bildungsort der Vereinigten Staaten, ein.

Später gab er an, er sei nach Harvard gegangen, um von Leuten zu lernen, die angeblich klüger waren als er selbst ... und sei enttäuscht worden.[3] Dieser Kommentar sagt wahrscheinlich ebensoviel über Gates' Selbsteinschätzung wie über Harvard aus.

Mit der Wahl eines Vorbereitungskurses für ein späteres Jura-Studium schien Bill Gates in die Fußstapfen seines Vaters, eines Rechtsanwaltes, treten zu wollen. Tatsächlich interessierte er sich nicht sonderlich für eine Juristenkarriere, und seine Eltern zweifelten wohl nicht daran, daß ihr willensstarker Sohn seinen eigenen Weg einschlagen würde. Trotzdem hätte keiner von ihnen auch nur im Traum daran gedacht, welchen kometenhaften Aufstieg ihr Bill vor sich hatte.

Es stellte sich heraus, daß ein Harvard-Abschluß Bill offensichtlich nicht in die Wiege gelegt worden war. 1975, noch immer an der Universität, tat sich Gates neuerlich mit Paul Allen zusammen, um eine eigene Version von BASIC zu entwickeln, einer frühen Computersprache. Angesichts der Verlockungen der neuen Welt vor seiner Nase entschied sich Gates 1977 dafür, Harvard zu verlassen, um sich voll und ganz der kleinen Computer-Softwarefirma zu widmen, die er gemeinsam mit seinem Freund gegründet hatte. Die beiden nannten das Unternehmen Microsoft.

Vom Harvard-Abbrecher zur Computerlegende

Der Aufstieg von Microsoft erfolgte ebenso schnell wie rücksichtslos. Gates bewies bald, daß er ein angeborenes techni-

sches Verständnis mit einem hervorragenden geschäftlichen Instinkt in
sich vereinte. Als Allen aufgrund seines angeschlagenen Gesundheitszu-
stands zu Beginn der achtziger Jahre
gezwungen war, Microsoft zu verlassen, konnte Gates seine Führungspo-
sition sogar noch weiter ausbauen. In
der zweiten Hälfte der achtziger Jahre
entwickelte sich Microsoft schließlich
zum Darling der Wall Street. Ausgehend von einem Aktienkurs von $ 2

Gates und Microsoft bilden weitgehend eine Einheit.

1986 erreichte das Microsoft-Papier in der ersten Jahreshälf-
te 1996 stolze $ 105 und machte Gates somit zum Milliardär
und viele seiner Kollegen zu Millionären.

Doch der schwindelerregende Anstieg des Microsoft-Aktienkurses signalisierte auch eine neue geschäftliche Weltordnung. Management-Guru Tom Peters meint, die Welt
habe sich verändert, als die Marktbewertung von Microsoft
jene von General Motors überholt habe. Als das vorliegende
Buch geschrieben wurde, genauer am 16. September 1998,
übertraf die Marktbewertung von Microsoft jene der mächtigen General Electric, so daß Microsoft heute das größte Unternehmen der USA mit einem Marktwert von US$ 262 Mil-
liarden ist. Gates und Microsoft bilden weitgehend eine Einheit.

Geschäftsphilosophie

Die Geschichte von Microsoft ist die Geschichte eines beinahe ununterbrochenen, zügigen Wachstums. Unter Bill Gates' Führung, der das Unternehmen gemeinsam mit Paul Allen 1974 gegründet hatte, ist Microsoft vom Zweimannbe-
trieb zu einem Unternehmen mit über 20.500 Mitarbeitern

und einem Umsatz von mehr als $ 8,8 Milliarden herangewachsen.

Bei Microsoft schreibt man den eigenen Erfolg folgenden Faktoren zu:

◆ einem langfristigen Ansatz,
◆ der ergebnisorientierten Arbeitsweise,
◆ der Teamarbeit und persönlichen Motivation,
◆ einer Leidenschaft für die eigenen Produkte und Kunden; und
◆ dauerndem Kunden-Feedback.

Das Unternehmen stellt möglichst intelligente, kreative Leute ein und kann sie durch eine Mischung aus Begeisterung, ständiger Herausforderung und angenehmen Arbeitsbedingungen auch halten. (Die Idee mit den Aktienbezugsrechten hilft natürlich auch.) Mit unter acht Prozent ist die Mitarbeiter-Fluktuation für die IT-Branche extrem niedrig.

Einem entspannten, kollegialen Arbeitsstil und der Mißachtung jeglicher Statussymbole steht eine sehr anspruchsvolle Einstellung gegenüber, was Leistung und die Einhaltung von Fristen betrifft. Wenn Mitarbeiter gehen – diesen Schluß lassen die unternehmenseigenen Nachforschungen zu –, dann deshalb, weil die Arbeit für sie keine Herausforderung mehr bedeutet. Der für die gute Microsoft-Unternehmenskultur signifikanteste Nachweis ist wahrscheinlich die Tatsache, daß so viele der ursprünglichen Mitarbeiter noch immer mit an Bord sind. Viele Leute wurden in jungen Jahren, etwa Ende Zwanzig oder Anfang Dreißig, zu Millionären, weil sie das Aktienbezugsrecht des Unternehmens wahrnahmen. Sie könnten sich eigentlich schon zur Ruhe setzen, tun es aber nicht.

Wie sagte doch einer der Microsoft-Manager? „Was sollten sie denn sonst mit ihrem Leben anfangen? Was sonst würde ihnen so viel Spaß machen?"

Erfolgsgeheimnisse

Bei sorgfältiger Analyse ergeben sich zehn Geheimnisse, die den Erfolg von Microsoft und dessen bemerkenswertem Chef erklären. Und das sind sie, die Geheimnisse des Geschäftserfolgs à la Bill Gates:

1. **Zur richtigen Zeit am richtigen Ort sein.** Es wäre zu einfach, den Microsoft-Erfolg auf eine Überdosis Glück zurückführen zu wollen – die etwa den Vertrag mit IBM über die Lieferung eines Betriebssystems für den ersten PC von Big Blue gesichert hätte. Trotzdem hat es mit Gates' Glück mehr auf sich, als man auf den ersten Blick vermuten würde. Gates erkannte sofort die Bedeutung des IBM-Deals. Er wußte, daß dieses Geschäft das Potential hatte, die Geschichte des PCs zu verändern, und er arbeitete mehr als sechs Monate unermüdlich daran, seine Chance auf Glück zu maximieren.

2. **Sich in die Technologie verlieben.** Einer der wichtigsten Aspekte des Dauererfolgs von Microsoft ist das technische Fachwissen von Bill Gates. Er selbst fällt die wesentlichen Entscheidungen auf diesem Gebiet. In vielen Situationen hat Gates gezeigt, daß er klarer als die Konkurrenz erkennen kann, wie sich die Technologie weiterentwickeln wird. Und er war stets bereit, selbst die Führung zu übernehmen.

3. **Keine Gefangenen.** Gates ist ein knallharter Konkurrent. Was immer er tut, er will gewinnen. Im Geschäftsleben gilt er als besonders harter Verhandler. Er fackelt nicht lange und spricht auch offen aus, daß er die Konkurrenz vernichten will.

4. **Nur die hellsten Köpfe einstellen.** Bei Microsoft heißen die hellsten Köpfe „High-IQ-People". Von Anfang an bestand Gates darauf, daß sein Unternehmen nur Leute mit

außergewöhnlich hohem Intelligenzquotienten beschäftigen dürfe. Bei Menschen ohne technischen Verstand kann er bisweilen die Nerven verlieren. Auf manche wirkt er deshalb eingebildet, und er wird deswegen auch heftig kritisiert. Doch dieser Grundsatz hat unbestritten positive Auswirkungen. Das Unternehmen kann viele brillante Studenten frisch vom College anwerben, die durch die Aussicht auf Arbeit mit den Besten ihres Fachs magisch angezogen werden.

5. **Überleben lernen.** Gates gibt freimütig zu, daß die meisten seiner geschäftlichen Kämpfe für seine Konkurrenten aufgrund deren eigener Fehler für sie zum Debakel wurden. Er versteht es meisterhaft, selbst allen Fallen aus dem Wege zu gehen, in die andere tappen würden, während er Chancen zu nutzen weiß, die sich aus den Fehlern seiner Gegner ergeben.

6. **Keinen Dank erwarten.** Bill Gates weiß, wie wichtig es ist, Freunde an höchster Stelle zu haben. Trotz seiner ständigen Kämpfe mit der amerikanischen Kartellbehörde hofiert er diverse CEOs von *Fortune-500*-Unternehmen, außerdem organisiert er regelmäßig Unternehmer-Meetings in Seattle und in anderen amerikanischen Städten.

7. **Visionen haben.** Bill Gates ist ein neuer Unternehmertyp. Im Laufe der Jahre hat er immer wieder gezeigt, daß auf niemanden in der Computerbranche die Bezeichnung Seher so sehr zutrifft wie auf ihn. Sein profundes Verständnis technischer Problemstellungen als einzigartige Methode der Datensynthese verleiht ihm die ganz besondere Fähigkeit, zukünftige Trends zu erkennen und die Microsoft-Strategie danach auszurichten. Das erweckt Ehrfurcht unter den Microsoft-Fans und läßt seine Konkurrenten vor Furcht erzittern.

8. **Alle strategischen Punkte besetzen.** Ein wesentliches

Element des Microsoft-Erfolgs ist die Fähigkeit des Unternehmens, zahlreiche Projekte gleichzeitig zu managen. Gates selbst ist ein Meister im Multitasking und soll angeblich mehrere hochtechnische Gespräche parallel führen können. Diese bemerkenswerte Fähigkeit zeigt sich auch im Unternehmensansatz. Sie bewirkt, daß Microsoft laufend neue Märkte erschließt und neue Software-Anwendungen erprobt. Eine hervorragende Methode, um kein „großes Geschäft" zu versäumen.

9. **Das Unternehmen in Byte-Größe errichten.** Was seine Bewertung auf dem Aktienmarkt anlangt, ist Microsoft nach wie vor ein relativ kleines Unternehmen. Auch intern gliedert sich der Betrieb laufend in kleinere Einheiten, um die optimale unternehmerische Teamumgebung zu gewährleisten. Bisweilen findet ein struktureller Wandel so rasch statt, daß es den Anschein hat, als richte Microsoft Woche für Woche neue Abteilungen ein. Gates achtet persönlich auf die Erhaltung einer einfachen Struktur, die es ihm ermöglicht, das Unternehmen im Griff zu behalten. Sobald er das Gefühl hat, die Kommunikationskanäle könnten zu lang oder unklar werden, greift er sofort vereinfachend ein.

10. **Niemals den Ball aus den Augen verlieren.** Gates ist bereits seit über zwei Jahrzehnten an der Spitze seiner Branche. In dieser Zeit ist er zum reichsten Mann der Welt geworden – nicht übel für einen Mittvierziger. Doch trotz seines enormen Reichtums und seiner Leistungen zeigt Gates keinerlei Ermüdungserscheinungen. Seinen eigenen Angaben zufolge wird er von der „latenten Angst" getrieben, das nächste große Geschäft könnte ihm durch die Lappen gehen. Er hat jedenfalls keinerlei Absicht, die Fehler anderer mächtiger Computerfirmen wie IBM und Apple zu wiederholen.

Anmerkungen

1 Wallace, James, und Erickson, Jim, *Mr. Microsoft. Die Bill-Gates-Story,* Ullstein, Berlin 1994

2 Wallace, James, und Erickson, Jim, *Mr. Microsoft. Die Bill-Gates-Story,* Ullstein, Berlin 1994

3 Wallace, James, und Erickson, Jim, *Mr. Microsoft. Die Bill-Gates-Story,* Ullstein, Berlin 1994

Zur richtigen Zeit am richtigen Ort

Die Streber haben gewonnen.

Tom Peters, Management-Autor

Die heutige Machtposition von Microsoft ist eigentlich der Kulminationspunkt einer Geschäftsstrategie, die Bill Gates und sein Partner Paul Allen bereits vor vielen Jahren formulierten, als beide noch in ihren Zwanzigern waren. Der Schlüssel zu diesem Erfolg liegt in einer Kombination mehrerer Faktoren. Dazu gehören die verblüffende technische Brillanz der frühen Microsoft-Programmierer, der enorme Elan und die erbitterte Wettbewerbstaktik von Gates selbst sowie seine einzigartige Vision dessen, wie die PC-Revolution vonstatten gehen könnte und welche Rolle Microsoft dabei spielen würde.

Es wäre allzu einfach, den Microsoft-Erfolg auf einen einzigen Glücksfall zurückführen zu wollen – die Sicherung des Vertrags zur Belieferung von IBM mit dem Betriebssystem für den ersten PC von Big Blue. Hier war mehr als nur Glück im Spiel. Bill Gates erkannte die Bedeutung des Deals. Er wußte, daß ein Betriebssystem so etwas wie eine gemeinsame Plattform darstellen könnte, die die Geschichte des PCs verändern würde. Mehr als sechs Monate arbeitete er unermüdlich daran, um sichergehen zu können, daß Microsoft eine sich bietende Chance auch ergreifen würde können. So half Gates dem Glück ein klein wenig nach.

Als Gates zum großen Schlag in Form des IBM-Deals ausholte, soll er angeblich seiner Mutter angekündigt haben, sie werde ihn jetzt sechs Monate lang nicht zu Gesicht bekommen. In dieser Zeit lebte er praktisch im Büro und widmete sich voll und ganz dem angestrebten Erfolg. Er war sich dessen enormer Bedeutung von Anfang an bewußt.

Hauptkonkurrent in dieser Angelegenheit war ein Unternehmen namens Digital Research Inc., Inhaber des Betriebssystems für den Apple II, den damals erfolgreichsten Desktop-Computer. In einem entscheidenden Stadium der Verhandlungen befand sich die für das Projekt zuständige Kontaktperson bei Digital Research einen vollen Monat lang im Urlaub. Gates, der Urlaub geradezu als Zeichen der Schwäche betrachtete, nutzte die Abwesenheit seines Konkurrenten natürlich weidlich aus.

Nerd Power – Streber an die Macht

In der Wiege der digitalen Revolution wuchs ein neuer Unternehmertyp heran. Die Streber kamen, und Bill Gates führte sie an. Gates ist sozusagen die fleischgewordene „nerd power". Mit seinem eigenen Aufstieg zu Ruhm und Reichtum ist er die Personifizierung des tiefgreifenden Wandels. Die zuvor in Unternehmerkreisen der USA wenig geachteten technischen Experten – oder Techies – rückten mit der Computerrevolution zu einer Vormachtstellung auf.

Wahrscheinlich erstmals in der Geschichte der Menschheit war technisches Verständnis nötig, wollte man die strategischen Möglichkeiten erkennen, die die „brave new world" der Informationstechnologie eröffnete. Die herkömmlichen Generalisten unter den Managern hatten ausgespielt. Viele von ihnen sind nach wie vor außerstande, die Computer auf ihren Schreibtischen zu bedienen, von Programmierkenntnissen ganz zu schweigen. Dabei trugen die neuen Unternehmertypen nach Art des Silicon Valley nicht einmal Anzug und Krawatte.

Plötzlich schienen die in blaue Business-Anzüge gehüllten IBM-Mitarbeiter, die das Computergeschäft jahrzehntelang dominiert hatten, deplaziert, und zugleich fand der Übergang von den Mainframe-Computern zu PCs statt. An der Spitze dieser Umwälzungen stand Bill Gates, bereit, das neue Paradigma einzuführen. Und jedermann sah es sofort: Gates und Paul Allen, sein Highschool-Freund und Partner beim Programmieren von Computersprachen, unterschieden sich gründlich von den IBM-Leuten.

Der junge Gates mit seiner biederen Brille, geplagt von Schuppen und Akne, und der bärtige und langhaarige Allen stellten für die Amerikaner leibhaftige Karikaturen von Strebern dar, die ohnehin jedermann aus der Schule kannte. Vor allem jedoch wurde erstmals das Unbehagen der amerikanischen Wirtschaft gegenüber purem Intellekt und technischem Fachwissen thematisiert und herausgefordert.

Der vorherrschende Mythos unter der Wirtschaftsgemeinde der USA lautete, daß man mit Mumm, Entschlossenheit, Glück und harter Arbeit im Geschäftsleben vorankommen könnte. Bloße Intelligenz wurde nicht als entscheidender Faktor betrachtet, sondern eher schon als Handicap, vor allem, wenn sie mit einer bestimmten sozialen Unbeholfenheit und exzentrischem Verhalten einherging. Die neuen Computer-Whizkids waren ein Affront für diese intellektuellenfeindliche Tradition, wie Randall E. Stross ausführt: „Die Terminologie mag sich verändert haben – Eierköpfe in den fünfziger, Streber in den siebziger Jahren – doch die Botschaft ist dieselbe: Hirnlastigkeit gilt als Nachteil, nicht als Aktivposten."

Bis in die siebziger Jahre galten Leute wie der Chrysler-Chef Lee Iacocca, eher ein John Wayne als ein Peewee Herman, als die Wirtschaftshelden Amerikas. Doch ganz plötzlich, mit dem Aufstieg von Microsoft und Apple, tauchten die Streber auf und gebärdeten sich als die Erben der Wirtschaft. Das Zeitalter der Nerd Power hatte begonnen.

Natürlich weist der negative Beigeschmack des Wortes „nerd" oder Streber darauf hin, wie die Gesellschaft bestimmte Charakterzüge und Geisteshaltungen beurteilt – eigentlich ein Überbleibsel aus früheren Tagen, als physische

Kraft und die entsprechende Bodenhaftung als wünschenswerte Eigenschaften betrachtet wurden. Was wir heute erleben, ist eine Verschiebung der Werte. Am deutlichsten zeigt sich diese in der Welt der Wirtschaft, wo wir Zeugen des Aufstiegs und anhaltenden Erfolgs der sogenannten „Kopfarbeiter" werden.

Mit diesem Wandel vollzog sich auch eine signifikante Verschiebung der wirtschaftlichen Macht. Er wurde bisweilen mit den Umwälzungen verglichen, die im Zuge der Industriellen Revolution stattfanden, als die maschinelle Fertigung in den Fabriken die traditionellen Beschäftigungsmuster und die Vermögensverteilung über alle Erwartungen hinaus veränderte. Viele Experten meinen, die Informationstechnologie-Revolution stelle den tiefgreifendsten Wandel seit den Zeiten der Industriellen Revolution dar. Die Auswirkungen auf die Unternehmen zeichnen sich bereits für jedermann klar ab.

In der Ära des Kopfarbeiters sind technisches Fachwissen und Kreativität die neuen Aktiva der Unternehmen. Im Verein mit einem hervorragenden Geschäftssinn und einem Wettbewerbsgeist, wie bei Bill Gates, ergibt das eine echte Rarität. Doch zu Beginn war es ein bemerkenswertes Quentchen Glück, das Gates in jene Höhen katapultierte, in denen seine Talente erst zur Geltung kommen konnten.

Der DOS-Boß

Bill Gates war jedenfalls zur richtigen Zeit am richtigen Ort. Denn bei dem schicksalsträchtigen Meeting mit IBM im Jahr 1980 nahm die Zukunft der gesamten Computerindustrie – man könnte sogar meinen, der gesamten Wirtschaft – eine unerwartete Wende. IBM-Manager unterzeichneten einen Vertrag mit einer kleinen Softwarefirma aus Seattle und erteilten ihr den Auftrag, ein Betriebssystem für ihren ersten

Die Bill-Gates-Methode

PC zu entwickeln. Sie glaubten damit Geld zu sparen, indem sie eine nicht zum eigenen Kernbereich gehörende Aktivität auslagerten und einem kleinen Vertragspartner übertrugen. Schließlich arbeitete IBM im Computer-Hardwaregeschäft, wo das große Geld und die Macht angesiedelt waren. Doch diese Leute irrten. Die Welt war gerade im Begriff sich zu verändern. Ohne daß sie es wußten, übertrugen die IBM-Mitarbeiter mit ihrer Unterschrift die Marktführerschaft in ihrer eigenen Branche an Bill Gates' Firma Microsoft.

Bei diesem schicksalsträchtigen Meeting mit IBM 1980 nahm die Zukunft der gesamten Computerindustrie – man könnte sogar meinen, der gesamten Wirtschaft – eine unerwartete Wende.

Es wurde viel über die Manipulation von IBM durch Bill Gates geschrieben. Doch die eigentliche Entscheidung war erst der Gipfelpunkt einer Reihe von Fehlern von Big Blue, die dessen damalige Selbstgefälligkeit widerspiegeln. In der Folge hatte das Unternehmen seine Vorherrschaft in der Computerbranche verspielt. Ein früherer IBM-Mann verglich die damalige Unternehmenskultur bei Big Blue mit der alten sowjetischen Bürokratie, in der man vorankam, wenn man bei seinem unmittelbaren Vorgesetzten Eindruck schinden konnte, nicht jedoch, wenn man den Interessen der Kunden diente. So kam es, daß ein aufgeblähter und selbstherrlicher Riese IBM mit einem hyperaktiven und hungrigen Zwerg Microsoft kollidierte. Die Wirkung war dieselbe, als hätte man einen fetten, schläfrigen Büffel einem Piranha überlassen.

Gates hatte Glück. Doch hätte einer seiner Kollegen vom Silicon Valley dieselbe Chance gehabt, das Ergebnis könnte auch ganz anders aussehen. Mit Bill Gates traf es gerade den einen, der den Ball nicht vergeben würde. Es sind Augenblicke wie dieser, in denen die Geschichte einen anderen Lauf nimmt. Angesichts der Chance seines Lebens konnte Bill Gates diese auch ergreifen und das Beste aus ihr machen. Was IBM nicht verstand, sah Gates in aller Klarheit. Die Welt der Computer stand an der Schwelle zu einer tiefgreifenden Veränderung – was Management-Theoretiker gern als Paradimenwechsel bezeichnen. Gates verstand intuitiv, was der alten IBM-Garde verschlossen blieb, daß der Software- und nicht der Hardware-Bereich den Schlüssel zur Zukunft darstellte. Er wußte auch, daß die Power des Riesen IBM, also des Marktführers, erforderlich war, um einen gemeinsamen Standard für Software-Anwendungen zu schaffen. Dieser Standard sollte Q-DOS werden, ein bestehendes Betriebssystem, das Gates von einem anderen Unternehmen gekauft und zu MS-DOS umbenannt hatte. Doch nicht einmal Bill Gates konnte ahnen, wie lukrativ der Deal für Microsoft werden würde.

Wie IBM den PC-Markt verpaßte

IBM sprang erst mit einiger Verspätung auf den PC-Zug auf. Das Unternehmen, das die Mainframe-Branche dominierte, hatte die Bedeutung und letztlich Bedrohung nicht erkannt, die von der Verbreitung der PCs ausging. Als sich Big Blue 1980 endlich entschloß, ebenfalls auf dem PC-Markt mitzumischen, war Apple, wo man zuerst auf Desktop-Geräte gesetzt hatte, bereits bei $ 100 Millionen Umsatz angelangt.

Frank Carey, damals IBM-Vorsitzender, gab seinen Leuten den Auftrag, bis zum August 1981 den ersten PC mit IBM-Logo herzustellen. Die zuständigen IBM-Mitarbeiter, die sich sozusagen auf Aufholjagd befanden, begingen zwei wesentliche Fehler technischer Art. Beide Fehler waren auf eine einzige Entscheidung zurückzuführen, nämlich auf die Auslagerung der wesentlichen Elemente des Geräts: den Mikroprozessor, der das Herz des neuen PCs darstellte, und das Betriebssystem. Intel willigte ein, die Chips herzustellen, und ein kleines, relativ unbekanntes Softwarehaus mit Sitz in Seattle bekam den Zuschlag für das Betriebssystem.

Ursprünglich war die Markteinführung des IBM-PCs ein wirtschaftlicher Erfolg. Doch das Unternehmen verschenkte einen Großteil der Gewinne aus dem PC-Geschäft an seine beiden Partner. Gemäß dem ursprünglichen Vertrag zwischen IBM und Microsoft hatte Big Blue zugestimmt, den Großteil der Entwicklungskosten für MS-DOS zu tragen, doch nur Microsoft war berechtigt, die Lizenzen für das System an Dritte zu vergeben. Das war die Killer-Klausel.

Als der PC-Markt förmlich explodierte, drängten Tausende neuer Konkurrenten auf den Markt. Praktisch alle von ihnen verwendeten schließlich MS-DOS und bezahlten für dieses Privileg Lizenzgebühren an Bill Gates. Doch damit nicht genug der IBM-Fehler. Als der blaue Riese seinen ersten Irrtum erkannt hatte, verabsäumte man es, den Lizenzvertrag neu auszuverhandeln oder den Vertrag mit Microsoft gar zu kündigen. Noch seltsamer mutet an, daß das oberste Management bei IBM ein intern entwickeltes Betriebssystem verwarf, das Gates' Würgegriff, in dem er den PC-Markt hielt, zumindest hätte lockern können.

Mehr als ein Jahrzehnt danach produzierte IBM immer noch mehr PCs als jeder andere Computerhersteller, doch die Abteilung „Personal Systems" steckte in den roten Zahlen. Die einzigen Unternehmen, die auf dem wettbewerbsbetonten PC-Markt wirklich fette Gewinne einfuhren, waren die Zulieferer von Microchips und Betriebssystemen. Bis heute ist Intel der dominante Player auf dem Prozessormarkt und Microsoft führend bei Betriebssystemen.

Das Glück festhalten

Bill Gates war klug genug zu erkennen, daß sein Betriebssystem, wenn er es nur richtig anpackte, möglicherweise zum

Branchenstandard aufsteigen würde. Bis dahin war das Betriebssystem von PCs immer nur eines von mehreren marktgängigen Systemen.

Viele Leute in der Computerbranche waren damals der Ansicht, daß MS-DOS technisch betrachtet doch einige schwerwiegende Nachteile hatte. Apple war bei Desktop-Computern eindeutig erste Wahl. Die Gründerväter von Apple hatten eine neue Geisteshaltung und Kultur ins Computer-Geschäft eingeführt. Die Apple-Geräte waren deshalb so beliebt, weil sie einfacher zu bedienen waren, ja weil ihre Verwendung sogar Spaß machte. Noch war das berühmte, auf Icons basierende Apple-Macintosh-System nicht entwickelt, aber es gab bereits Anzeichen dafür, daß die Apple-Leute die Nase eindeutig vorn hatten.

Bill Gates hatte ein anderes As im Ärmel, nämlich einen sehr wichtigen Verbündeten. Hinter seinem Betriebssystem stand die geballte Power von IBM. Big Blue beherrschte schließlich seit Jahren das Mainframe-Geschäft und bereitete sich nun – zugegebenermaßen etwas verspätet – auf den Eintritt in den PC-Markt vor. Der Name IBM mit seiner Glaubwürdigkeit würde im Konkurrenzkampf entscheidend sein. Gates erkannte richtig, daß die beste Möglichkeit zur Einführung eines anderen als des Apple-Branchenstandards mit der PC-Markteinführung des weltweit führenden Computerherstellers zu schaffen sein würde. Jahrelang lautete ein selbstbewußter IBM-Slogan: „Niemand ist jemals für den Kauf eines IBM-Computers gefeuert worden." Schließlich hatte Big Blue den Ruf, auf dem Desktop-Markt hinsichtlich Zuverlässigkeit unerreicht zu sein.

Die Tatsache, daß IBM-Geräte in kürzester Zeit den Markt überschwemmen würden, bedeutete auch, daß das von ihnen verwendete Betriebssystem auf den ersten oder zweiten Platz vorrücken würde. Auf jedem einzelnen von IBM in Umlauf gebrachten PC war MS-DOS als Betriebssystem installiert. Für Microsoft das maßgeschneiderte trojanische Pferd. Jeder IBM-PC, der seinen Weg auf einen Schreibtisch fand, bedeutete ein Gratisticket zum MS-DOS-Betriebssystem, das verborgen in ihm ruhte. Und das war das unglaubliche Glück des Bill Gates. Was allerdings danach geschah, erklärt zur Genüge, warum Bill Gates und nicht etwa Steve Jobs oder ein anderer Unternehmer des Silicon Valley heute der reichste Mann der Welt ist.

Ende der siebziger Jahre konnte Microsoft seine Software bereits an eine Vielzahl von Kunden in Lizenz vergeben. So belieferte Gates 1977 Tandy mit Software, verkaufte aber auch BASIC 6502 an Apple für den Apple-II-Computer. Microsoft arbeitete mit vielen der führenden Computerhersteller zusammen. Das paßte perfekt in Bill Gates' Pläne, denn Microsoft war bereits dabei, den Industriestandard vorzugeben, was genau seinen Intentionen entsprach. Und deshalb machte er auch mit MS-DOS weiter.

Bei Apple hingegen vertrat man die Ansicht, der einzige Weg, um die Qualität der eigenen Produkte zu sichern, bestehe darin, selbst die Kontrolle über alle Komponenten zu behalten. Später sollte dazu auch das hauseigene Macintosh-Betriebssystem gehören.

Apple wollte verhindern, daß andere Firmen Apple-Computer „clonen" konnten. Jahrelang verweigerte man jegliche Lizenzvergabe des eigenen Betriebssystems an andere Hersteller. Das bedeutete, daß jeder, der ein benutzerfreundliches Apple-Betriebssystem kaufen wollte, auch einen Apple Computer benötigte. Es war eine Strategie, die sinnvoll erschien, allerdings nur nach den alten Spielregeln. Das Problem für Apple bestand darin, daß man beim Geschäftsmodell und in der strategischen Vision nicht mehr als eine Generation Vorsprung vor dem Hardware-Dinosaurier IBM hatte.

Apple engagierte sich also sowohl im Hardware- als auch im Softwaregeschäft. Obwohl die Manager des Hauses durchaus den steigenden Wert erkannten, den die Kunden der nicht so recht greifbaren Software zubilligten, konnten sie beide Elemente strategisch nicht trennen.

Apple argumentierte, daß man doch selbst über eine wahre Killer-Kombination verfügte; man wußte, daß man mit dem Apple Mac das beste Betriebssystem und das beste Gerät auf dem Markt hatte, daher sollte es auch nur eine Frage der Zeit sein, bis man die Desktop-Industrie beherrschen würde. Der Kalkulationsfehler bestand in dem Irrglauben, die beste Technologie würde sich schließlich durchsetzen. Die Apple-Leute hatten unrecht. Als sie schließlich erkannten, daß sie sich verrechnet hatten, waren Gates und Microsoft bereits bei einem Marktanteil von 80 Prozent. (Hätte das Apple-Management einen Blick auf die Entwicklung der Videorekorder nur wenige Jahre zuvor geworfen, so wäre die Fehleinschätzung offensichtlich geworden. Trotz seiner offensichtlichen technologischen Überlegenheit wurde das Sony-Betamax-System schließlich durch das VHS-System vom Markt verdrängt.)

Die Frage lautete also nur, ob Gates genug Ausdauer haben würde. Mitte der achtziger Jahre war sein Ruf als hervorragender Programmierer bereits weithin etabliert. Kaum jemand bezweifelte, daß er einer der talentiertesten Techies war, die sich aus dem Strudel der Silicon-Valley-Revolution erhoben hatten. Sein Wettbewerbsgeist und persönlicher Elan und Ehrgeiz waren legendär. Was Kritiker allerdings anzweifelten, das waren seine Mangementqualitäten. Sie fragten sich, ob Gates das nötige Können und das Charisma haben würde, um ein Unternehmen zu leiten, das sich rasch zu einem der wichtigsten in der amerikanischen Wirtschaft entwickelte.

Bereits 1984 kritisierte das Magazin *Fortune*[1] Gates, weil er angeblich nicht die nötigen profunden Managementkenntnisse besaß, um die ersten Etappenerfolge, die er davongetragen hatte, auch ins Ziel bringen zu können. Die einschlägige Presse mußte wohl erst lernen, daß Gates sehr viel mehr war als nur ein Techie oder Computerfreak oder ein Glückspilz. Bill Gates hatte mehr Talente, als man auf den ersten Blick erkennen konnte. Sein Aufstieg in den Unternehmerolymp bedeutete eine deutliche Verschiebung des Machtgleichgewichts in der Geschäftswelt.

Moores Gesetz

Im Jahr 1965 quantifizierte Gordon Moore, einer der Gründer von Fairchild Semiconductor und später von Intel, in einer Hochrechnung, die später als Mooresches Gesetz bekannt werden sollte, die Geschwindigkeit, mit der die Leistungsfähigkeit von Microchips zunehmen würde. Basierend auf seiner Berechnung des Tempos der Technologieentwicklung sagte Moore voraus, daß sich im Verlauf der nächsten zehn Jahre die Zahl der Komponenten, die auf einen Microchip paßten, weiterhin alle zwölf Monate verdoppeln würde.

Das bedeutete letztlich, daß sich die Leistungsfähigkeit der Chips alljährlich ohne nennenswerte Erhöhung der Kosten verdoppeln würde. Moores Berechnung erwies sich als verblüffend genau. Doch Anfang der siebziger Jahre verstanden nur wenige Leute, was das für die Zukunft der Branche bedeuten würde. Nur einige wenige Computerfanatiker aus Seattle glaubten, einem Riesending auf der Spur zu sein.

Das Mooresche Gesetz inspirierte Bill Gates und Paul Allen zur Gründung von Microsoft. Gates sagt, er schulde Allen Dank dafür, ihm das Mooresche Gesetz erläutert und das Geschäftspotential durch die exponentiell wachsende Leistungsfähigkeit der Halbleitertechnologie erklärt zu haben. „Das Phänomen eines exponentiellen Wachstums ist überaus selten", erinnert sich Gates, gedacht zu haben, und deshalb fragte er sicherheitshalber nach: „Meinst du das im Ernst?"

Allen meinte es todernst. Was er und Gates im Gegensatz zu IBM und DEC verstanden, waren die Folgen, die sich aus dieser Berechnung ergaben. Ausgehend vom Moore-schen Gesetz setzten die beiden auf die rasant wachsende Verarbeitungsgeschwindigkeit der Microcomputer, die quasi von selbst für deren enorme Verbreitung sorgen würde. „Es wird passieren", sagten sie, und sie wollten sich auf das Ereignis vorbereiten, indem sie persönlich die Software für die Geräte der Zukunft schrieben.

Standards setzen

Die Entscheidung, das Betriebssystem zu Microsoft auszulagern, war ein Fehler, der IBM teuer zu stehen kommen sollte. Ebenso verhinderte die Apple-Weigerung, das eigene Betriebssystem an andere Hersteller in Lizenz zu vergeben, daß Apple einen höheren Marktanteil erreichte, was beinahe den Bankrott des Unternehmens zur Folge gehabt hätte. Diese Fehler der Konkurrenz wollte Bill Gates unter keinen Umständen selbst machen.

Bis heute spielen die schicksalsträchtigen Entscheidungen von IBM und Apple in der Unternehmenskultur von Microsoft eine wesentliche Rolle. Als wichtigste Folge ergab sich für Microsoft die Erfahrung, daß das Unternehmen, das den Industriestandard vorgibt, beinahe immer auch den Markt dominiert. Diese Erkenntnis wird all jenen, die für Bill Gates arbeiten, förmlich eingehämmert.

„Wir setzen den Standard" war schon der Microsoft-Slogan, bevor der Deal mit IBM abgeschlossen wurde. Er zeigt, wie zielgerichtet Gates von allem Anfang an dachte, und verdeutlicht seine Besessenheit, neue Produkte unbedingt als erster auf den Markt bringen zu wollen. Wenn jemand Gates ernsthafte Konkurrenz macht, erklärt sich aus diesem Slogan auch die wütende Entschlossenheit, mit der Microsoft die eigenen Projekte vorantreibt. Bisweilen kauft Gates ein Softwareunternehmen einfach auf, wenn er zu der Ansicht gelangt, daß es einen signifikanten technologischen Vorsprung erzielt hat. Damit stellt er sicher, daß Microsoft den betreffenden Markt von Anfang an beherrscht. Gleichzeitig kann Microsoft durch Einbindung der Menschen, die hinter der neuen Anwendung stehen, das erforderliche technische Know-how erwerben.

Bis heute ist „Wir setzen den Standard" wichtigstes Ziel der Geschäftsstrategie von Bill Gates. Und all jene bei Microsoft, die vielleicht die Bedeutung der IBM-Lektion vergessen haben, werden dadurch wieder daran erinnert, worum es wirklich geht.

Ubiquisoft

Ob man ihn nun mag oder nicht, Tatsache ist, daß die Software von Bill Gates' Microsoft die Computerindustrie weltweit dominiert. Rund 80 Prozent aller Desktop-Computer laufen mit der einen oder anderen Version von Windows. Darüber hinaus wird die überwiegende Mehrzahl der neuen PCs bereits mit vorinstallierter Microsoft-Software geliefert. Das verschafft Bill Gates einen enormen Vorsprung vor seinen Mitbewerbern.

Rund 80 Prozent aller Desktop-Computer laufen mit der einen oder anderen Version von Microsoft Windows.

In den letzten Jahren hat Gates gezeigt, daß er durchaus in der Lage ist, die dominante Position seines Unternehmens gezielt einzusetzen, um neue und sich noch entwickelnde Märkte der Software-Anwendung zu erobern. Manche behaupten, er halte den PC-Softwaremarkt im Würgegriff, um den Kunden Microsoft-Produkte aufzuzwingen. Andererseits versucht Bill Gates nichts anderes als das, was jeder kluge Geschäftsmann tun würde, nämlich seine Schäfchen ins Trockene zu bringen.

Wer die Geschichte des PC-Marktes im Rückblick sieht, könnte zu der Überzeugung gelangen, die derzeitige dominante Marktposition von Microsoft als gegeben hinzunehmen. Doch das wäre eine zu enge Betrachtungsweise der PC-Revolution. Zu glauben, daß der PC-Markt ganz automatisch in Schwung gekommen wäre, ohne das Auftreten von Schlüsselpersonen wie Bill Gates, wäre doch zu gewagt. Alternativ könnte man die Microsoft-Vorherrschaft als Ergebnis der Fehler anderer interpretieren – vor allem von IBM und Apple. Doch auch das wäre eine unzulässige Unterschätzung der Rolle von Bill Gates und seiner Kollegen bei Microsoft.

Zur richtigen Zeit am richtigen Ort

Im Zeitalter der Kopfarbeit stellen technisches Know-how und Kreativität die neuen Trümpfe der Unternehmen dar. In der Kombination mit einem ausgeprägten Geschäftssinn und Konkurrenzgeist sind diese Eigenschaften eine Rarität. Bill Gates verfügt über alle diese Begabungen. Doch erst ein bemerkenswertes Quentchen Glück beförderte ihn in jene geschäftlichen Höhen, in denen seine ganz besonderen Talente zu Geltung kommen konnten. Die ersten Lehren, die wir aus der Bill Gates' School of Business ziehen, lauten daher:

◆ **Zur richtigen Zeit am richtigen Ort sein.** Microsoft hatte 1980 enormes Glück, als IBM, damals Marktführer in der Computerbranche, einen Vertrag mit Bill Gates über die Entwicklung des Betriebssystems für den ersten IBM-PC abschloß.

◆ **Das Glück festhalten und den Ball nicht vergeben.** Mit Glück kommt man nur ein wenig weiter; wichtig ist, ob man seine Chance auch ergreift. Im Silicon Valley trifft man reihenweise Millionäre, die auch zu Dollar-Milliardären hätten werden können, wäre ihnen das ebenso gelungen wie Bill Gates. Als die Chance seines Lebens kam, ergriff Gates sie mit beiden Händen. Seit damals sammelt er Punkte und scheint überhaupt nicht daran zu denken, den Ball jemals wieder abgeben zu wollen.

◆ **Wer selbst die Standards setzt, gewinnt.** Was Bill Gates vor allen anderen erkannte, war die Tatsache, daß sich ein einmal errungener Marktanteil in der Computerbranche selbst festigt und ausweitet. Sobald ein Unternehmen den Industriestandard vorgibt, wird es für Neulinge schwieriger, diesem seine Position streitig zu machen. „Wir setzen den Standard" war seit den Anfängen des Unternehmens Microsoft-Motto, und zwar schon lange bevor der schicksalhafte Vertrag mit IBM unterzeichnet wurde. Heute steht dieses Motto im Zentrum der Geschäftsstrategie von Bill Gates.

◆ **Mit Hebelwirkung arbeiten.** Gates konnte die dominante Microsoft-Marktposition erfolgreich nutzen, um seine eigenen Versionen neuer Software-Anwendungen zu etablieren. Es ist diese aggressive Marketingstrategie, die die Kartellbehörden der USA dazu veranlaßt hat, gegen den Software-Giganten zu ermitteln.

◆ **Die Technologie muß die Strategie prägen.** *Gates ist einer der wenigen Unternehmer, die strategische Entscheidungen auf der Grundlage einer eigenen Vision dessen treffen, wohin sich die Technologie entwickeln sollte und wird.*

Anmerkung:

1 Stross, Randall, E., *The Microsoft Way,* Addison-Wesley, Reading 1996

Sich in die
Technologie verlieben

Ich weiß wirklich, wie man Software schreibt; aber dazu gehört eine ganze Palette neuer Standards. Meine Leute können das besser, und deshalb sollen sie das tun und niemand anderer.

Bill Gates

B ill Gates kann auf eine lebenslange Liebesaffäre mit dem PC zurückblicken. Seit den Anfängen des *personal computing* waren sich Bill Gates und sein Partner Paul Allen sicher, daß sich damit die Welt verändern würde. Bis spät in die Nacht redeten die beiden oft darüber, wie das Leben nach der Einführung und entsprechenden Verbreitung des PCs aussehen würde. Sie zweifelten nie daran, daß man sich auf eine Revolution gefaßt machen mußte. „Genau so wird es passieren" war ein Bekenntnis, aus dem der tiefe Glaube an das eben erst flügge gewordene Microsoft sprach, und Bill und Allen würden die Software dafür schreiben. Was sich damals niemand vorstellen konnte, war die Rolle, die die beiden Jungen selbst spielen würden, oder auch die außerordentliche Entwicklung der Ereignisse, die ihr Unternehmen auf die Weltbühne katapultieren sollten. Doch bereits damals wußten sie, was IBM und anderen Herstellern von Großrechnern wie Digital Equipment offensichtlich entgangen war – daß die Welt der Großrechner in ernsten Schwierigkeiten steckte.

„Ich erinnere mich, daß wir uns von Anfang an fragten, was wirklich leistungsfähige und kostengünstige Computer wohl für DEC bedeuten müßten. Uns schienen die Leute dort völlig paralysiert. Irgendwie hatten

„Ich erinnere mich, daß wir uns von Anfang an fragten, was wirklich leistungsfähige und kostengünstige Computer wohl für DEC bedeuten müßten. Uns schienen die Leute dort völlig paralysiert."

wir sogar den Eindruck, daß die auch in Zukunft nicht aufwachen würden. Wir sagten uns, mein Gott, wieso sind die Leute in diesen Firmen nicht völlig von den Socken? Es kann doch nicht sein, daß sie sich nicht längst wundern und fürchten."[1]

Das technologische Fachwissen von Bill Gates ist einer der für den Dauererrfolg von Microsoft ausschlaggebenden Faktoren. Gates hat die wichtigsten Entscheidungen in diesem Bereich nach wie vor fest im Griff. Und er kann bei vielen Gelegenheiten immer wieder beweisen, daß er die Entwicklungen der Technologie klarer vorhersieht als die Konkurrenz.

Die Kämpfer unter den Programmierern

Gates ist einer der weniger Unternehmensgründer, die von der Technik der Computerindustrie kommen, überlebt haben und dabei auch geschäftlich überaus erfolgreich waren. Sein Flirt mit der Technik verleiht seinem persönlichen Führungsstil eine eigene Note. Trotz seines Reichtums und seiner kaufmännischen Erfahrung bleibt Gates tief in seinem Inneren, was er immer war – ein „Techie", ein Technik-Freak.

Gates betrachtet das Programmieren oder „Codeschreiben" als seine eigentliche, höhere Berufung. Microsoft-Mitarbeiter werden denn auch in zwei Klassen eingeteilt: in die Produktentwickler-Teams, zu denen die Top-Programmierer gehören, und in die anderen.

Die Produktteams erhalten den Löwenanteil an den zu vergebenden Aktienbezugsrechten; ihre Mitglieder, die Programmierer, können ihre Büros auf dem Microsoft-Campus in Redmond am nachhaltigsten verteidigen, wenn die Bürofläche wieder einmal knapp wird. (Schließlich wurde angesichts stetigen Wachstums der Raummangel bei Microsoft so drängend, daß 1995 einige kleinere Produktteams in einen

Zubau übersiedelt wurden, der rund eine Meile vom Campus entfernt liegt.)

Gates' Leute bei Microsoft sind sich einig, daß sein technisches Wissen ihm einen echten Vorsprung verschafft. „Er hat die Fähigkeit, die richtigen Fragen zu stellen. Er kennt von jedem Programm irgendein kniffliges Detail, und man fragt sich ständig: ‚Wieso weiß der das?'" bekannte etwa Brad Silverberg, der mit zum Windows-Entwicklungsteam gehörte.

Gates über Business-Know-how:
„Wer nur irgendwas von Mathematik versteht, kann auch Geschäfte machen – die Betriebswirtschaft ist eigentlich kein sehr tiefgreifendes Fach."

Gates selbst behauptet von sich, er könne sich an „Berge" von Codes erinnern, an denen er vor Jahren gebastelt hatte. In jüngeren Jahren pflegte er jede einzelne Programmzeile noch einmal persönlich zu kontrollieren. Das ist natürlich heute nicht mehr möglich, aber Gates nimmt nach wie vor regen Anteil an allen neuen Microsoft-Produkten.

„Natürlich kann ich mit allen Produkten, die wir bei Microsoft haben, umgehen," erklärt er, „aber ich kann nicht selbst den ganzen Code durchchecken. Meine Rolle hat eher mit der Strategie und der Marschrichtung zu tun, in die sich die Leute bewegen, und damit, wie gut sie zusammenarbeiten. Bei uns wird eine ganze Menge erfunden – meine Aufgabe ist es, herausfinden, was davon wichtig ist, und ich muß es dem Anwender gegenüber vertreten. Also lauter wichtiges Zeug."

Geschäfte zu machen erfordert hingegen nach Gates' Meinung kein besonderes Fachwissen. „Wer nur irgendwas von Mathematik versteht, kann auch Geschäfte machen – die Betriebswirtschaft ist eigentlich kein sehr tiefgreifendes Fach", erklärte er 1992. In seinem Fall nehme sie nur rund 10 Prozent seines „mentalen Zyklus" in Anspruch, wie er behauptete.

Jung anfangen

Die Bemühungen von Gates, sich die allerbesten Absolventen gleich vom College zu schnappen, sind legendär. Zuallererst kamen nur clevere Leute zum Zug, die Gates und sein Partner Paul Allen bereits aus der Schule kannten. Diese werden als *smart friends,* kluge Freunde, bezeichnet. Doch als Microsoft von Albuquerque nach Seattle übersiedelte, waren dem Unternehmen die *smart friends* bereits ausgegangen, und man mußte daran gehen, *smart strangers,* kluge Fremde, anzuheuern.

Im Laufe der Jahre entwickelte Microsoft eigene Personal-Einstellungstechniken und –präferenzen. Gates war von Anfang an klar, daß sich für seinen Ansatz in der Softwareentwicklung am besten „sehr junge und eher unerfahrene Leute" eigneten.

Als daher 1994 das Durchschnittsalter der Microsoft-Mitarbeiter auf 31 angestiegen war, bekannte Gates, ihm wäre es lieber, wenn der Anteil der direkt vom College angeheuerten Mitarbeiter wieder auf 80 Prozent kletterte, wie es zu Beginn gewesen war. „Junge Leute lernen lieber, und sie bringen auch eigene Ideen ein", erläuterte er seinen Wunsch.[2]

Gates' eigene Liebesbeziehung zum Computer begann während seiner Highschool-Zeit. Damals konnten es sich nur wenige Schulen leisten, ihren Schülern Zugang zu Computern zu bieten, doch Lakeside, Gates' Highschool, war eine löbliche Ausnahme. Seinen ersten Computerdeal machte Gates übrigens im zarten Alter von 13. Er bot an, gegen ein wenig kostenlose Computerbenutzung nach Fehlern in der Software zu suchen. „Ich hatte das Glück, schon relativ jung mit Computern Bekanntschaft zu machen, die damals ja ziemlich teuer und einigermaßen begrenzt in ihren Möglichkeiten waren, aber trotzdem etwas zutiefst Faszinierendes hatten."

Für den jungen Gates eröffnete die Entdeckung der Computer eine völlig neue Welt. Was er und seine Freunde im Teenageralter sahen, und was den Erwachsenen, die damals beruflich mit Computern zu tun hatten, verborgen blieb, war das enorme Potential des PCs, das Leben der Menschen zu verändern. Damals herrschte die Ansicht vor, daß Computer Büromaschinen waren und das auch bleiben würden. Für Gates und seine Freunde waren die Möglichkeiten, die sich damit auftaten, jedoch um vieles größer.

„Mit ein paar Freunden sprach ich immer wieder über Computer, und wir kamen irgendwann zu dem Schluß, daß sich diese Geräte wegen des Wunders der Chip-Technologie zu etwas entwickeln würden, dessen Verwendung eigentlich jedem nutzen sollte. Das Potential des Computers war für uns einfach grenzenlos, und das Schreiben von Software war für uns interessant und spannend. Deshalb stachelten wir auch befreundete Softwareentwickler dazu an, sich auszumalen, was für ein Werkzeug ein PC tatsächlich sein könnte – ein Werkzeug für das Informationszeitalter, das unsere Gehirn- und nicht nur unsere Muskelleistung vervielfachen würde."

Der zweite große Vorteil, den Bill Gates und seine Kumpels bei Microsoft hatten, war ihre Einbindung in die Entwicklung des Personal Computing von allem Anfang an. „Weil wir daran mit einer – rückblickend – eigentlich unglaublichen Konzentration arbeiteten und seit der Geburtsstunde der Branche mit dabei waren, konnten wir ein Unternehmen aufbauen, das eine zentrale Rolle bei einer doch ziemlich einschneidenden Revolution spielt. Zum Glück steckt diese Revolution nach wie vor in den Kinderschuhen. Begonnen haben wir vor 23 Jahren. Wenn wir von dem von uns geprägten Stil nicht abweichen, bin ich überzeugt davon, in den kommenden 23 Jahren sogar sehr viel mehr Möglichkeiten zu haben und vielleicht unserer ursprünglichen Vision doch ziemlich nahe zu kommen – einem Computer auf jedem Schreibtisch und in jedem Haushalt."

Doch ihre Jugend bereitete Gates und Allen bisweilen auch Probleme. Als sie Microsoft gründeten, hatten die beiden Schwierigkeiten, von den anderen Branchenmitgliedern ernst genommen zu werden. Gates beschrieb das einmal so: „Zuerst stößt man auf blanke Skepsis. Wenn man jung ist, lassen sie einen ja nicht einfach irgendein Gebäude mieten. Auch einen Wagen sollte man nicht leasen müssen, wenn man jünger als 25 ist, deshalb mußte ich meine Kunden immer mit dem Taxi aufsuchen. Und wenn irgend jemand vorschlug, ein Problem doch in einer Bar zu besprechen, mußte ich passen, denn ich durfte in meinem Alter noch keine Bar betreten."

Natürlich brachte die Jugend für Gates auch Vorteile. Einerseits bedeutete sie, daß sein Geschäftssinn zu Beginn häufig stark unterschätzt wurde. Jack Sams, einer der IBM-Manager, die den berühmt-berüchtigten Vertrag mit dem 21jährigen Gates über die Lieferung des Betriebssystems für den ersten IBM-PC unterschrieben hatten, erinnert sich: „Als ich ihn sah, glaubte ich, er sei der Bürolehrling."

Übrigens ein Fehler, der IBM noch leid tun sollte. Gates wußte genau, welchen Eindruck er in seinem Alter machte, und er spielte diese Karte ganz bewußt.

„Das ist wirklich lustig", meinte er Jahre später, „wenn die Leute erst einmal skeptisch sind, dann sagen sie sich ‚Na, dieses Kind, das hat ja keine Ahnung.' Sobald man ihnen aber zeigt, daß man ein gutes Produkt zu bieten hat und auch nicht naiv ist, überschlagen sie sich meist geradezu vor Begeisterung. Zumindest hier in Amerika war, nachdem wir eine gewisse Grenze überschritten hatten, unsere Jugend eigentlich ein riesiger Vorteil für uns."

Außenseiter-Chic

Was der soziale Außenseiter Gates bei Microsoft überdies erreichte, das war die erstmalige Anerkennung der Software-entwicklung als etwas durchaus Achtbares, das plötzlich sogar als „in" und „chic" galt. Das ließ sich zum Teil schlicht auf das Geld zurückführen, das man mit der Entwicklung guter Produkte machen konnte. Doch die Sache ging noch tiefer. Als Gates und seine Freunde in Lakeside ständig im Computerraum herumlungerten, wurden sie als Außenseiter und Streber verspottet. Doch als Unternehmen wie Microsoft oder der Rivale Apple immer bekannter wurden, veränderte sich auch das soziale Image der Computerleute.

Bereits Mitte der achtziger Jahre galt es als „cool", mit Computern zu tun zu haben. Überall in Amerika träumten die klügsten Köpfe unter den College-Studenten von einer neuen Karriere. Sie konnten es kaum erwarten, der Schule den Rücken zu kehren, um sich sofort ins Silicon Valley oder zum Microsoft-Campus in Redmond aufzumachen, wo die Sache tatsächlich abging. Die von Microsoft entwickelte Kultur galt als „hip", das Geschäft als trendig.

Gates und seine Kollegen bei Microsoft entwickelten eine eigene Sprache aus dem Slang, den sie als Computer-Hacker in der Schule verwendet hatten. Einige Beispiele gefällig?

Bereits Mitte der achtziger Jahre galt es als „cool", mit Computern zu tun zu haben. Überall in Amerika träumten die klügsten Köpfe unter den College-Studenten von einer neuen Karriere. Sie konnten es kaum erwarten, der Schule den Rücken zu kehren, um sich sofort ins Silicon Valley oder zum Microsoft-Campus in Redmond aufzumachen, wo die Sache tatsächlich abging.

- ◆ *Dogfood*/Hundefutter – das, was Microsoft-Programmierer als schwache Software bezeichnen; eine Software, die sich zwar für den Verkauf nicht eignet, für den internen Gebrauch jedoch taugt.

- ◆ *Selftoast* – Widerspruch gegen sich selbst.

- *Vaporware* – ein Produkt, das aus irgendeinem Grund die Verkaufsregale nie erreicht.

- *Face-mail* – ein persönliches Gespräch im selben Raum (im Gegensatz zu Voice-mail oder E-mail).

- *Braindump* – Weitergabe von technischem Wissen.

F&E auf ewig

Da er selbst von der technischen Seite her kommt, weiß Bill Gates, wie wichtig Forschungsinvestitionen sind, und er investiert auch einen außerordentlich hohen Prozentsatz der Microsoft-Einnahmen in Forschung und Entwicklung. Im *Forbes Magazine,* das alljährlich eine Liste der reichsten Leute der Welt veröffentlicht, konnte man 1984 tatsächlich lesen, Gates werde in dieser Liste wohl nie aufscheinen, weil er so viel Geld in F&E steckte.

Da er selbst von der technischen Seite her kommt, weiß Bill Gates, wie wichtig Forschungsinvestitionen sind, und er investiert auch einen außerordentlich hohen Prozentsatz der Microsoft-Einnahmen in Forschung und Entwicklung.

Gates gibt an, das überproportional hohe Forschungsbudget sei einer der Hauptgründe für den Erfolg von Microsoft, ein Wettbewerbsvorteil, der allerdings anderen Unternehmen ebenso offensteht. Wer viel in F&E investiert, hat die Fühler stets wachsam nach der nächsten wichtigen Entwicklung ausgestreckt. Während sich andere Computerfirmen mit dem Erreichten zufrieden geben und auf ihren Lorbeeren ausruhen, entwickelt Microsoft in den eigenen Software-Labors Produkte, die erst in rund fünf Jahren den Weg auf den Markt finden werden.

Microsoft mag nicht unbedingt das

innovativste Unternehmen der Welt sein, doch die Fähigkeit, Ideen aufzugreifen und zu marktgängigen Produkten auszubauen, ist hier besser ausgeprägt als irgendwo sonst. Bill Gates konnte immer wieder zeigen, daß Innovation und F&E nicht notwendigerweise dasselbe sind. In vielen Fällen liegt die Betonung auf der Erforschung dessen, wie die Kunden eine bestimmte Software-Anwendung nutzen wollen, und in der Entwicklung eines Produktes, das sich vermarkten läßt und den Anforderungen seiner Nutzer entspricht. Die Innovation an sich, so meint Gates, wird zumeist überbewertet. Er zieht es vor, sich nach bestehenden Lösungen umzusehen, die er anschließend weiter verfeinert, anstatt das Rad immer wieder neu erfinden zu wollen.

Das Rad nicht neu erfinden

Die Microsoft-Konkurrenz weist immer wieder darauf hin, daß der Erzrivale in Sachen Innovation doch gar nicht so gut ist und bei der Entwicklung völlig neuer Software sogar schlecht abschneidet. Mike Zisman von Lotus, langjähriger Microsoft-Rivale, meint dazu: „Microsoft kratzt mich nicht. Die haben doch noch nie etwas erfunden." Doch die zur Schau getragene Lässigkeit verbirgt nur mit Mühe die eigentliche Stärke der Software-Gurus aus Redmond: Wirklich ausgezeichnet ist Microsoft, wenn es darum geht, Ideen aufzugreifen und sie zu praktischen, gut verkäuflichen Produkten umzubauen.

Gates selbst ist eigentlich kein Vordenker, und er bewundert auch Menschen, die besessen sind von der Idee, völlig neue Lösungen für Probleme zu finden, nicht besonders. Er meint, die meisten Leute hätten in ihrem Leben ohnehin nur eine einzige wirklich brillante Idee.

GM gegen Microsoft

Der Management-Guru Tom Peters verweist auf einen Tag irgendwann im Sommer 1992, an dem sich seiner Meinung nach die ganze Welt verändert hat.[3] Damals übertraf ganz plötzlich der Marktwert von Microsoft jenen von General Motors. An diesem Tag bewertete die Wall Street Microsoft höher als den Riesen-Autokonzern, obwohl das Softwareunternehmen abgesehen von einigen Gebäuden in Redmond, Washington, praktisch keinerlei Vermögen besaß, während GM auf massenhaft Fabriken, Büros und Anlagevermögen aller Art verweisen konnte. Derlei wäre noch wenige Jahre davor völlig undenkbar gewesen.

Indem Bill Gates einen so hohen Anteil der Microsoft-Einnahmen in Forschung und Entwicklung investiert, erhöht er laufend das intellektuelle Kapital seines Unternehmens. Nach Angaben von Johan Roos, einem Universitätsprofessor für Strategie an der weltberühmten Schweizer IMD, steht General Motors für das Industriezeitalter, während Microsoft das neue Informationszeitalter repräsentiert.[4]

Wie läßt sich dieser plötzliche Schwenk erklären? „Die Crux an der Sache ist die", erklärt Professor Roos, „daß hier Menschen die wichtigste Quelle des Wettbewerbsvorteils sind und nicht das physische Vermögen, das das Unternehmen besitzt und kontrolliert."

„Intellektuelles Kapital als eigenes Konzept sagt mehr über die zukünftige Gewinnträchtigkeit eines Unternehmens aus als alle konventionellen Leistungsmessungen, die wir derzeit anwenden", erklärt Roos. „Würden die 50 besten Programmierer Microsoft heute verlassen, so wäre ein drastisches Absacken des Aktienkurses die Folge."

Gates glaubt, die meisten Lösungen, nach denen man suche, seien irgendwo bereits vorhanden – man brauche sie nur zu finden. Und das, darauf legt Gates Wert, sei sein eigentliches Talent – Lösungen aufzuspüren, sie sich anzueignen und schließlich zu kommerziell erfolgreichen Produkten zu entwickeln.

„Microsoft kratzt mich nicht. Die haben doch noch nie etwas erfunden."

Sogar DOS, das Betriebssystem, das MS berühmt machte, ist keine Microsoft-Erfindung. Gates' Partner Paul Allen kaufte eine Version dieses Programms mit Namen Q-DOS von einem anderen Softwarehersteller, Seattle Computers, für $ 50.000. Microsoft entwickelte die Neuerwerbung weiter und installierte sie auf den ersten PCs des Computerriesen IBM. Gates und Allen verdienten an diesem Deal Milliarden Dollar.

Als sehr tüchtig hat sich Microsoft auch erwiesen, wenn es darum ging, den zukünftigen Kurs der Technologie mit zu prägen, vor allem bei der Verbreitung von Multimedia-Anwendungen. In den ersten Tagen der CD-ROM, als die Technologie noch kaum akzeptiert war, finanzierte Gates eine Reihe von Konferenzen, um die neue Technologie zu pushen. Mit diesen Events förderte er die CD-ROM und positionierte das eigene Unternehmen im Zentrum der neuen Bewegung.

Als die Sache trotzdem nicht richtig ins Rollen kam, wurde Gates klar, daß es sich hierbei um das alte Problem mit der Henne und dem Ei handelte. Einerseits waren die Hardwarehersteller nicht bereit, CD-Laufwerke in ihre Systeme einzubauen, solange sich kein Hersteller von CDs fand, dessen Titel die Anwender auch kaufen und verwenden wollten. Andererseits wollte natürlich niemand in die Entwicklung von CD-ROM-Titeln investieren, solange die Hardware dafür nicht ausgerüstet war. Daraus ergab sich eine Patt-Situation, die die neue Technologie umzubringen drohte. Gates wies daher seine Entwickler an, möglichst rasch einige CD-ROM-Titel herauszubringen. Das Ergebnis war eine Reihe von Referenz-CDs, die schließlich in der *Encarta,* der ersten Multimedia-Enzyklopädie, ihren ersten Höhepunkt fanden. Und wie wir alle wissen, setzte die CD-ROM schon zu ihrem Siegeszug an.

Es ist seine innige Liebesbeziehung zur Technik, die Bill Gates seinen Spitzenplatz an vorderster Front der Software-Branche sichert, einer Branche, in der man nur zu leicht an Terrain verliert. „Es kommt darauf an, daß man tagtäglich genießt, was man tut. Für mich ist das Schöne die Arbeit mit besonders intelligenten Leuten und an neuen Problemstellungen. Immer wenn wir denken, „He, da waren wir doch recht erfolgreich", passen wir höllisch auf, uns nicht zu sehr in unserem Erfolg zu sonnen, denn die Latte liegt ja sofort wieder höher. Wir hören von den Kunden immer wieder, die Geräte seien zu kompliziert und nicht benutzerfreundlich. Der Wettbewerb, die technologischen Durchbrüche und die Forschung machen die Computerindustrie, und zwar speziell die Software, zur interessantesten Branche überhaupt, und ich bin überzeugt, daß ich den besten Job in diesem Geschäft habe."[5]

Sich in die Technologie verlieben

Der zweite Lehrsatz, den wir aus der Bill Gates School of Business mitnehmen:

◆ *Die Technik verstehen. Im Zeitalter des Kopfarbeiters wird ein Techie benötigt, um ein Unternehmen wie Microsoft führen zu können. Nur Menschen mit einem* profunden technischen Verständnis können verstehen, was in der Branche vorgeht, nur sie erkennen die Trends und können die richtige Strategie wählen.

◆ **Für eine Firmenkultur sorgen, in der die Bedeutung technischer Experten anerkannt wird.** In den meisten Unternehmen werden schon traditionell Generalisten höher geschätzt als Spezialisten. Bei Microsoft stehen die Softwareentwickler noch über den Managern.

◆ **Jung anfangen.** Gates begann seine Liebesaffaire mit dem Computer bereits in der Highschool. Damals konnten es sich nur wenige Schulen leisten, ihren Studenten Computer zur Verfügung zu stellen, doch Lakeside, die Schule, die Gates besuchte, war eine Ausnahme. Gates machte seinen ersten Computerdeal im zarten Alter von 13, als er sich verpflichtete, für die kostenlose Benutzung eines Computers Fehler in den Programmen zu suchen.

◆ **Mehr als alle anderen in Forschung und Entwicklung investieren.** Indem er einen besonders hohen Anteil der Firmeneinnahmen in F&E pumpt, stellt Gates sicher, daß Microsoft immer die Fühler nach der nächsten entscheidenden Entwicklung ausstreckt. Während sich andere Firmen der Branche auf ihren Lorbeeren ausruhen, entwickelt Microsoft in den eigenen Software-Labors Produkte, die erst in rund fünf Jahren auf den Markt kommen werden.

◆ **Wer in der Technologie die Nase vorn hat, wird die Zukunft prägen.** Microsoft mag nicht eben als begnadeter Erfinder neuer Lösungen gelten, ist jedoch hervorragend, wenn es darum geht, bestehende gute Ideen aufzugreifen, sie weiterzuentwickeln und zu kommer-

ziell erfolgreichen Produkten zu machen. Gates selbst ist eigentlich kein Vordenker, und er bewundert auch Leute nicht, die um jeden Preis selbst neue Lösungen erfinden wollen. Seiner Meinung nach haben die meisten Menschen in ihrem Leben ohnehin nur eine einzige brillante Idee. Gates glaubt, daß die meisten Lösungen bereits irgendwo existieren, so daß man sie eigentlich nur zu finden braucht. Das, so meint er, sei sein eigenes großes Talent. Wie sich gezeigt hat, ist er auch bereit, das ganze Gewicht von Microsoft in die Waagschale zu werfen, um neue Technologien – etwa im Multimediabereich – zu fördern, die schließlich die Zukunft prägen.

Anmerkungen:

1 Schlender, Brent, „Bill Gates and Paul Allen talk", *Fortune,* 2. Oktober 1995

2 Stross, Randall E., *The Microsoft Way: the Real Story of How the Company Outsmarts Its Competition,* Addison Wesley Longman Inc., Reading, 1996

3 Peters, Thomas, *Liberation Management,* Alfred A. Knopf Inc., New York 1992

4 Roos, Johan, „Intellectual Capital: what you can measure you can manage," *Perspectives for Managers,* Bd. 26, Nr. 10, IMD, November 1996

5 „The Bill and Warren Show", *Fortune,* 20. Juli 1998

Keine Gefangenen

*Gates ist zäh. Das ist es eigentlich, was einem Furcht einflößt ...
irgendwie kommt er immer wieder, wie die chinesische
Wasserfolter. Er findet es unterhaltsam, Menschen in Stücke
zu reißen.*

Stewart Alsop, Herausgeber des „PC letter"

Bill Gates ist ein harter Konkurrent und süchtig danach zu gewinnen. Das macht ihn zu einem überaus schwierigen Gegner. Er ist auch keineswegs zimperlich und spricht offen davon, Konkurenten „zermalmen" zu wollen.

Die Vermarktung von Microsoft-Produkten samt ihren zahlreichen Upgrades, durch die die früheren Software-Versionen obsolet werden, hat in der US-Regierung zu einiger Aufregung geführt. Diese und andere Sorgen – einschließlich einer Reihe von Klagen durch Gegner in der Computerbranche – haben das Interesse der amerikanischen Kartellbehörden erweckt, die wegen angeblich wettbewerbsfeindlicher Praktiken gegen Microsoft ermitteln. Doch die erhobenen Anschuldigungen konnten bisher in keinem einzigen Fall belegt werden.

Gates verteidigt die Microsoft-Marketingstrategie mit allen Mitteln und behauptet, sein Unternehmen wirke sich auf die Wahlmöglichkeiten der Konsumenten nur positiv aus. Wie auch immer die Ermittlungen ausgehen werden – niemand wird bestreiten, daß Gates ein hervorragender Unternehmer und ein ausgezeichneter Marketingstrategie ist. Nach Angaben von *Fortune* benötigt jedes erfolgreiche Unternehmen drei Leute: einen Träumer, einen Geschäftsmann und einen Mann fürs Grobe. „Bill Ga-

Es ist vielsagend, daß Gates, wenn er über die Konkurrenz spricht, alle in einen Topf wirft. Wenn hingegen Konkurrenten über Gates sprechen, so reden sie immer über ein einzelnes Phänomen.

tes verfügt über alle drei Qualitäten, was ihn zu einem Unikum und zum erfolgreichsten all jener Unternehmern macht, die jemals weltweit aus dem Nichts aufgestiegen sind."

Es ist vielsagend, daß Gates, wenn er über die Konkurrenz spricht, alle in einen Topf wirft. Wenn hingegen Konkurrenten über Gates sprechen, so reden sie immer über ein einzelnes Phänomen.

Hebeln, immer nur hebeln

Gates ist zweifellos gut, wenn es darum geht, die Marktposition von Microsoft in die Waagschale zu werfen, um Zugang zu neuen, aufstrebenden Märkten zu erhalten. Wenn man allerdings ein Bestriebssystem besitzt, das auf 80 Prozent aller Desktop-Computer der Welt installiert ist, hat man automatisch den nötigen Hintergrund für Verhandlungen und Marketing. Damit erwirtschaftet man nicht nur das nötige Kleingeld, um es in Produktforschung und -entwicklung zu reinvestieren, sondern hat auch geradezu einzigartige Möglichkeiten, mehrere Softwareprodukte geschickt zu bündeln.

Bei zahlreichen Gelegenheiten konnte Gates seine dominante Marktposition nutzen, um die Konkurrenz effektiv vom Wettbewerb auszuschließen. Er fürchtete sich niemals, gegen einen großen Mitbewerber ins Feld zu ziehen, was sich etwa zeigte, als Apple meinte, die Windows-Graphikschnittstelle mache Microsoft zu mächtig, oder später, als Apple und IBM gemeinsam versuchten, Gates aus dem Sattel zu heben, oder als er einen Datenbankkrieg mit Borland ausfocht.

Seine Erfolge in diesen und anderen Grabenkämpfen der Branche waren jedenfalls so überzeugend, daß die Gelder der Intelligentia aus dem Silicon Valley nie gegen Microsoft gesetzt wurden.

Wenn Sie sie sich nicht schlagen können, kaufen Sie sie

Gates ist pragmatisch genug, um sich den Zugang zu Schlüsselmärkten nötigenfalls auch zu erkaufen. Er hat keine Bedenken, das Entwicklungs-Know-how anderer Unternehmen zu kaufen, um es der Microsoft-Maschinerie zuzuführen. Als es galt, Datenbankprodukte zu entwickeln, die mit Borland konkurrieren sollten, gab Gates beispielsweise $ 170 Millionen aus und kaufte das Foxpro Programm, eine Software, die von einem anderen Unternehmen entwickelt worden war.

Auf diese Strategie hat Gates immer wieder gesetzt. So kaufte er beispielsweise 1982 die Grundlagen für DOS von einem kleinen Unternehmen namens Seattle Computers und machte es schließlich zum weltweiten Branchenstandard. Auf seinen Streifzügen erwirbt Gates aber nicht nur Software. So hat er gelegentlich schon ganze Konzerne aufgekauft, nur um sich das Fachwissen einiger hervorragender Programmierer einzuverleiben, die oftmals in kleineren Unternehmen engagiert sind. In solchen Fällen kann Gates dem Objekt seiner Begierde immerhin mehrere Millionen Dollar als Anreiz für die wichtigsten Mitarbeiter anbieten, zu Microsoft zu kommen. Kein Wunder, daß er immer wieder reiche Ernte an technischem Know-how für Microsoft einfährt.

„Wir haben eine Menge kleiner Unternehmen gekauft, und ich würde sagen, das ist für uns lebenswichtig. Es handelt sich hierbei um Unternehmen, die es im Alleingang wahrscheinlich nie geschafft hätten, aber durch die Bündelung unserer Möglichkeiten konnten wir beide sehr viel besser Produkte entwickeln, als es uns ohne einander möglich gewesen wäre."

Sich mit dem Feind ins Bett legen

Trotz seiner Kampfparolen ist es eine weitere Charakteristik von Bill Gates, seine kaufmännischen Entscheidungen niemals durch persönlichen Groll beeinflussen zu lassen. Als Pragmatiker mit Leib und Seele focht Gates bei vielen Gelegenheiten einen jahrelangen, erbitterten Kampf mit einem Rivalen aus, nur um dann plötzlich kehrtzumachen und, wenn es ihm in den Kram paßte, sofort mit demselben Widersacher ins Geschäft zu kommen. Das allerdings in beinahe allen Fällen zu seinen Bedingungen.

In den letzten Jahren steckte er mit großer Begeisterung eine Menge Geld in Apple, um das Unternehmen, das ihm seine Marktposition im Zusammenhang mit Windows stets streitig machen wollte, wieder auf die Beine zu bringen.

Während viele Geschäftsleute mit geballten Fäusten im Schmollwinkel verharren und ihre geschäftlichen Entscheidungen von ihren persönlichen Ressentiments diktieren lassen, bleibt Gates stets rationaler Denker. Kritiker behaupten zwar, er würde es seinen Emotionen zumindest manchmal gestatten, die Oberhand zu behalten – vor allem, so meinen sie, habe seine Abneigung gegen bestimmte Rivalen sein Urteilsvermögen immer wieder getrübt. Doch diese Behauptung ist durch nichts zu belegen. Im Gegenteil, Gates kann, wie ein verwöhntes Kind, das zornig wird, um seinen Willen durchzusetzen, eine Zeitlang einen sehr persönlichen Kampf führen, doch im Grunde tut er das nur, um das Feuer schließlich zielsicher und punktgenau eröffnen zu können.

In einer von Leidenschaften geprägten Branche verfügt Gates über die bemerkenswerte Fähigkeit, Persönliches aus Geschäftsentscheidungen herauszuhalten. Was auch immer er tut – selbst wenn es sich für ein anderes Unternehmen als ruinös erweisen sollte –, dient einzig und allein kaufmännischen Zwecken. Gates möchte gewinnen, und deshalb will er den Feind schlagen – was allerdings nicht bedeutet, daß er später nicht doch wieder mit ihm zusammenarbeitet. Diese Eigenschaft macht ihn zu einem viel gefährlicheren Gegner, als wäre er bloß ein Hitzkopf oder würde aus einer plötzlichen Emotion heraus handeln.

Mit Bill Gates in Konkurrenz zu treten ist wie ein Schachspiel. Er denkt immer schon viele Züge voraus und bestraft jeden falschen Zug des Gegners mit der kühlen Gleichgültigkeit des Raubtiers. Deshalb ist Gates auch bei so vielen Leuten in der Branche so gefürchtet.

Risikomanagement

Abgesehen von seiner analytischen und gelassenen Vorgangsweise in geschäftlichen Dingen ist Gates auch in der Lage, Risiken richtig einzuschätzen, eine Eigenschaft, die er erst im Laufe der Zeit erworben hat. Doch während Menschen mit Sicherheitsdenken Entscheidungen nach Möglichkeit aus dem Weg gehen, weiß Gates nur zu gut, daß sich in der Computerindustrie alles so rasch ändert, daß ein Zögern das Gefährlichste überhaupt wäre. Ein allfälliges Risiko, das weiß er, ist immer gegen einen möglichen Gewinn abzuwägen.

„Wenn man ein Unternehmen gründet, braucht man dazu so viel Energie, daß man die Angst vor dem Risiko überwinden sollte. Ich finde auch nicht, daß man ein Unternehmen unbedingt zu Beginn seiner Karriere gründen sollte. Es gibt viele gute Gründe, zuerst in einem bestehenden Unternehmen zu arbeiten und dort zu lernen. In unserem Fall war es so, daß Paul Allen und ich befürchteten, jemand anderer könnte vor uns unser Ziel erreichen. Es stellte sich heraus, daß wir möglicherweise noch ein Jahr länger hätten warten können, weil zu Beginn alles ein wenig langsamer ging.

Bill Gates über Risikomanagement:
„Wenn man ein Unternehmen gründet, dann braucht man dazu so viel Energie, daß man die Angst vor dem Risiko überwinden sollte."

Doch uns erschien es sehr wichtig, einmal den Fuß in der Tür zu haben.

Ich war so aufgeregt, daß mir gar nicht klar wurde, was für ein Risiko wir eingingen. Sicher, wir hätten geradewegs in den Konkurs schlittern können, aber schließlich wußte und konnte ich einige Dinge, mit denen ich bestimmt wieder einen Job gefunden hätte. Meine Eltern waren damals auch immer noch bereit, mich nach Harvard zurückgehen zu lassen und mir meine Ausbildung zu ermöglichen, hätte ich das gewollt.

Was mir in der Anfangszeit angst machte, war, meine Freunde anzustellen, da sie von mir erwarteten, daß ich sie bezahle. Außerdem hatten wir auch einige Kunden, die in Konkurs gingen – dabei hatte ich auf sie gezählt, um über die Runden zu kommen. Deshalb entwickelte ich schon bald diesen unglaublich konservativen Ansatz, daß ich immer genügend Geld in der Bank haben wollte, um die Gehälter für ein Jahr zahlen zu können, selbst wenn wir keine Einnahmen hatten. Diesem Grundsatz bin ich beinahe die ganze Zeit treu geblieben. Heute haben wir beispielsweise rund $ 10 Milliarden, und das sollte für das nächste Jahr eigentlich reichen."

RAM-Beau

Gates ist auch unbarmherzig. In der Computerindustrie, der wahrscheinlich am heißesten umkämpften Branche der Welt, spielt er bereits seit über zwanzig Jahren Poker. Als Multimilliardär und noch immer relativ jung, könnte er sich jederzeit zur Ruhe setzen. Doch Gates zeigt keinerlei Ermüdungserscheinungen.

Viele seiner einstigen Kollegen haben bereits ihren Abschied genommen oder Jüngeren Platz gemacht, darunter auch sein früherer Partner Paul Allen (er verließ Microsoft aus gesundheitlichen Gründen, als man bei ihm einen Morbus Hodgkin diagnostizierte). Zwar hat der eine oder andere unter den Computer-Whiz-Kids ein Comeback versucht, wie etwa Steve Jobs, der wieder zu Apple zurückkehrte, doch Gates ist der einzige Vertreter der Branche, der wirklich die ganze Zeit an der Front durchhielt.

Viele Mitbewerber fielen aus, weil sie Bücher schrieben, neue Unternehmen gründeten oder einfach in der Versenkung verschwanden. Nicht so Gates – er schrieb sein Buch, während er ein kartellrechtliches Verfahren zu bestehen hatte und seine Antwort auf den Information-Highway entwickelte. Wie er neulich bemerkte, als man ihn zu seinen Plänen befragte, auch in der Internet-Technologie den Ton angeben zu wollen: „Es sieht tatsächlich so aus, als wäre der Großteil unserer Mitbewerber auf dem Gebiet der Betriebssysteme bereits ermüdet. Schön, da haben wir nun eben neue Konkurrenten. Es ist doch immer nett, der Underdog zu sein, auf dem alle herumtrampeln."[2] Wir dürfen sicher sein, daß dieser Underdog bissig ist.

Gates zum Thema Kartellrecht

Kritiker meinen, Gates sei ein Meister darin, Marktnischen für sich zu beanspruchen, indem er geplante Produkte lauthals vorankündigt. Eigentlich, so meinen viele in der Computerbranche, sind solche Ankündigungen vor allem ein Schuß vor den Bug anderer Softwarehersteller, die sich vor einem Kopf-an-Kopf-Rennen mit Microsoft fürchten: Sie werden abgeschreckt – selbst wenn Microsoft noch meilenweit von der tatsächlichen Markteinführung entfernt ist. Das war übrigens auch eine von zahlreichen Klagen, die gegen Microsoft erhoben und im Laufe der Jahre von der Federal Trade Comission und den Kartellbehörden im Auftrag des US-Justizministeriums untersucht wurden.

Gates selbst hat stets geleugnet, daß Microsoft seine Marktposition mißbrauchen würde. In letzter Zeit fährt er starke Geschütze zur Verteidigung der Rolle auf, die sein Unternehmen auf dem PC-Markt spielt.

„Der wichtigste Zweck der Kartellgesetze ist es doch, die Konsumenten zu schützen und sicherzustellen, daß neue Produkte entwickelt werden und daß diese Produkte sehr innovativ sind. Wenn man sich verschiedene Sektoren der Wirtschaft ansieht und sich fragt: ‚Wo geschieht das tatsächlich, wo funktioniert es?‘ So ergibt sich – gleichgültig, nach welcher Bewertungsmethode man vorgeht – immer zweifelsfrei ein Wirtschaftszweig als der absolut beste, und das ist die PC-Branche. Ich würde gar nicht sagen, daß es die gesamte Computerbranche ist, denn man muß bedenken, daß die Strukturen vor dem PC doch ganz anders waren. Damals steckten die Leute fest. Wenn man einen Computer von Digital oder IBM oder HP oder einem anderen Hersteller kaufte, lief die jeweilige Software nur auf diesem Gerät.[2]

Die Vision von Microsoft war daher, daß alle Computer auf dieselbe Weise funktionieren sollten. Der Grund dafür: Wenn man eine Menge großartiger Software möchte, muß es auch eine Menge Computer geben – Millionen und Abermillionen Computer. Also müssen sie billig sein und so gebaut, daß die Software nicht erst auf jeder verschiedenen Gerätetype getestet werden muß. Ziel der PC-Branche war es, alle Computerproduzenten zu Konkurrenten zu machen, was die Herstellung des am besten tragbaren oder des schnellsten oder des billigsten Gerätes betraf. Das mußte doch für die Konsumenten ideal sein und würde einen großen Softwaremarkt zur Folge haben.

Teil der PC-Dynamik ist es, daß wir, anstatt die Programmierer die Arbeit eines anderen noch einmal machen zu lassen, alle Elemente herausgreifen, die für diese Anwendungen typisch sind, und sie dann in Windows einbauen. Also warten wir beispielsweise beim Internet nicht erst darauf, daß jeder Bastler die Sache selbst in die Hand nimmt, sondern wir bauen die nötigen Merkmale ein. So verlief übrigens die ganze Entwicklung – die graphischen Benutzerschnittstellen kamen da hinein, Festplatten, die erforderlichen Einrichtungen für Netzwerke, und heute eben die Internet-Features und damit auch ein Browser.

Meiner Meinung nach sind die Kartellgesetze schon in Ordnung. Es gibt Menschen, die sich darüber unterhalten, ob sie nicht vielleicht milder formuliert sein sollten, aber das sind doch nur akademische Debatten. Wenn ich meine Geschäfte betreibe, dann achte ich sorgfältig darauf und prüfe mit meinen Anwälten, daß wir uns auch aus den Graubereichen möglichst heraushalten. Es überrascht mich daher, daß ausgerechnet wir in ein kartellrechtliches Verfahren verstrickt sind. Zum Glück gibt es aber die Gerichte, ein Umfeld, wo Fakten geprüft werden und die Leute sehen können, ob der Wettbewerb so funktioniert hat, wie er sollte und für die Konsumenten nützlich war. Wir bezweifeln jedenfalls keinen Augenblick, daß genau diese Feststellung das Ergebnis der Ermittlungen sein wird.

Vorerst stehen wir natürlich im Zentrum einer heftigen Kontroverse, weil die Eröffnung eines Gerichtsverfahrens natürlich nicht sang- und klanglos über die Bühne geht. Da ist der Staat, der die Herausforderung annimmt und eine Menge rechtlich bedeutender Dinge sagt, aber wir müssen sehr darauf achten, daß uns das Verfahren nicht von dem ablenkt, wofür wir eigentlich arbeiten."

Keine Gefangenen

Gates ist ein harter Konkurrent. Und er will auf jeden Fall der Gewinner sein. Das macht ihn zu einem extrem gefährlichen Gegner. Er nimmt sich kein Blatt vor den Mund und spricht offen davon, Konkurrenten „zermalmen" zu wollen.

◆ **Die Marktposition gezielt einsetzen.** Unbestritten gut ist Bill Gates in der Nutzung der Marktposition von Microsoft, um sich Zugang zu neuen und aufstrebenden Märkten zu verschaffen. Wenn man natürlich über ein Betriebssystem verfügt, das auf 80 Prozent aller Desktopgeräte weltweit installiert ist, verschafft einem das auch eine besonders gewichtige Verhandlungsposition. Dieser Umstand hat mittlerweile das Interesse der US-Kartellbehörden geweckt, die wegen angeblich wettbewerbsfeindlicher Praktiken gegen Microsoft ermitteln.

◆ **Das Know-how der anderen kaufen.** Gates' Pragmatismus läßt ihn den Weg zu wichtigen Märkten einfach freikaufen. Es hat sich immer wieder gezeigt, daß er jederzeit bereit ist, auf den freien Markt zu gehen und sich das Entwicklungs-Know-how anderer Unternehmen zu kaufen, um es der Microsoft-Maschinerie einzuverleiben.

◆ ***Persönliches aus den Geschäften heraushalten.*** *Trotz seiner Kampfparolen läßt sich Bill Gates in seinen kaufmännischen Entscheidungen niemals von persönlichem Groll leiten. Der Pragmatiker focht bei zahlreichen Gelegenheiten jahrelang heftige Kämpfe mit einem Rivalen aus, nur um dann im Handumdrehen, wenn es ihm in den Kram paßte, mit diesem selben Konkurrenten Geschäfte zu machen.*

◆ ***Das Risiko gegen den Nutzen abwägen.*** *Zusätzlich zu seiner analytischen und unverkrampften Art, Geschäfte anzugehen, versteht es Gates auch, Risiken richtig einzuschätzen. Diese Eigenschaft hat er sich mit zunehmender Erfahrung erworben. Doch während risikoscheue Menschen dazu tendieren, Entscheidungen zu umgehen oder aufzuschieben, ist sich Gates absolut bewußt, daß wegen des überaus raschen Wandels in der Computerbranche das weitaus größte Risiko darin besteht, die Hände untätig in den Schoß zu legen.*

◆ ***Unbarmherzig sein.*** *Gates spielt nun bereits seit mehr als 20 Jahren Poker in der Computerbranche, die wahrscheinlich weltweit die am heftigsten umkämpfte Branche ist. Der Multimilliardär und noch immer relativ junge Mann könnte sich jederzeit zur Ruhe setzen, doch Gates zeigt nach wie vor keinerlei Ermüdungserscheinungen.*

Anmerkungen:

1 Kehoe, Louise und Dixon, Hugo, „Fightback at the Seat of Power", *Financial Times*, 10. Juni 1996

2 Gates, Bill, „Watching His Windows", *Forbes*, 1997, entnommen aus Jager, Rama D. und Ortiz, Rafael, *In the Company of Giants*, McGraw-Hill, New York 1997

Nur die hellsten Köpfe
einstellen

Die sehr bewußte Art und Weise, wie Gates eine Organisation aufgebaut hat, die Intelligenz belohnt, ist der wichtigste und immer wieder übersehene Aspekt des Erfolgs von Microsoft.[1]

Randall E. Stross, Professor der Betriebswirtschaft und Autor von *The Microsoft Way*

Klug wie er ist, versucht Bill Gates gar nicht erst, sich den Microsoft-Erfolg zur Gänze auf die eigenen Fahnen zu heften. Seine Bereitschaft, die Talente anderer auf seinem Gebiet anzuerkennen, ist ein ganz wesentliches Persönlichkeitsmerkmal. Wie das *Fortune*-Magazin schrieb: „Microsoft wurde von einem Mann geschaffen, der weiterhin als Genie anerkannt wird, der aber auch über den Vorausblick verfügt, das Genie in anderen Menschen zu erkennen."[2]

Das ist eine Ansicht, der sich Gates sicher anschließen würde. „Ich glaube, meine besten geschäftlichen Entscheidungen hatten mit der Auswahl von Mitarbeitern zu tun. Die Entscheidung, das Unternehmen mit Paul Allen zu gründen, wäre hier wahrscheinlich vorrangig zu nennen, und in der Folge die Einstellung eines Freundes – Steve Ballmer –, der seit seinem ersten Tag bei uns mein wichtigster Geschäftspartner ist. Es ist ungemein wichtig, jemanden zu haben, dem man vollkommen vertraut, der sich wirklich ins Zeug legt, der die eigene Vision teilt, und dessen Talente doch ein wenig anders gelagert sind als die eigenen. Jemand, der sozusagen eine Kontrollinstanz für die eigene Handlungsweise ist. Bei einigen der Ideen, die du ihm vorträgst, weißt du schon im voraus, daß er sagen wird: ‚Hast du

Gates über das Rekrutieren von Mitarbeitern:
„Ich glaube, meine besten geschäftlichen Entscheidungen hatten mit der Auswahl von Mitarbeitern zu tun."

dir dies und das überlegt?'" Mit einem so brillanten Menschen macht die Arbeit nicht nur mehr Spaß, man erzielt auch mehr Erfolge."[3]

Allerdings verträgt Bill Gates Menschen, die keine Ahnung von technischen Dingen haben, äußerst schlecht. „Ich stelle doch keine muskelbepackten Schrumpfköpfe ein", soll er einmal erklärt haben. In manchen Kreisen wurde diese Geisteshaltung als elitär bezeichnet und kritisiert. Doch sie hat eine Reihe positiver Auswirkungen. Microsoft ist heute in der Lage, zahlreiche wirklich brillante Studenten direkt vom College weg anzuheuern, die von der Aussicht auf Arbeit mit den Besten ihrer Branche magisch angezogen werden.

Willkommen in Smartsville

„Bill Gates verkörpert einen Typ, von dem immer alle geglaubt haben, es gäbe ihn nicht – den pragmatischen Intellektuellen", schreibt Randall E. Stross. „Er hat immer die klügsten Leute in der Computerbranche ausfindig gemacht und dann angestellt ... und er stellt immer brillante Leute ein. Das wichtigste Microsoft-Kapital steckt tatsächlich in Köpfen von Bill Gates und seinen Mitarbeitern..."

Von Anfang an hatte Gates darauf bestanden, in seinem Unternehmen nur mit den besten Leuten zu arbeiten. Bei Microsoft nennt man sie „High-IQ-People", und das Unternehmen hat es sich einiges kosten lassen, die Allerklügsten für sich zu gewinnen. Wenn nötig, interveniert Gates höchstpersönlich im Zuge der Einstellungsgespräche. Wenn ein besonders talentierter Programmierer beispielsweise noch Argumente benötigt, um zu Microsoft zu wechseln, kann es schon vorkommen, daß er oder sie einen persönlichen Anruf vom Chef bekommt.

„Beim Aussuchen der Leute, die gut genug sind, Software zu schreiben, muß man wirklich sehr elitär sein, was ihre geistigen Kapazitäten betrifft...", erklärt Gates.[4]

Stars arbeiten am liebsten dort, wo sich die Besten ihrer Branche versammeln. Manchmal nehmen die Top-Programmierer in Seattle Kontakt zu früheren Kollegen auf und überreden sie, zu Microsoft zu kommen. So warb Gates beispielsweise 1981 Charles Simonyi von Xerox PARC ab. Simonyi, der als „Vater von Microsoft Word" bezeichnet wird, half seinerseits mit, andere zu überreden. „Wissen Sie, wie wir all diese ausgezeichneten Leute bekommen? Durch Mundpropaganda", freut sich Gates. „Unsere Leute sagen den anderen, daß es toll ist, hier zu arbeiten...."

„In der Software-Industrie können die intellektuellen Fähigkeiten eines einzelnen Programmierers durch eine Art kommerzielle Alchemie ganze Märkte schaffen, wo vorher das Nichts war."

Die Campuskultur

In der ganz bewußt geplanten Microsoft-Zentrale in Redmond, Washington, ging Gates zielstrebig daran, eine Umgebung zu schaffen, in der sich die klugen jungen Leute, die das Unternehmen anheuern wollte, wohl fühlen konnten. Mit seiner einfachen Ästhetik, den offenen Gemeinschaftsbereichen und Grünflächen erinnert der Komplex vor allem an die College-Atmosphäre, die vielen der Neuzugänge, die direkt von den Unis kommen, so vertraut ist. Deshalb wurde die neue Firmenzentrale auch Microsoft Campus genannt. (Ein Verriß dieser Bemühungen findet sich übrigens in dem 1994 erschienenen Roman *Microserfs* von Douglas Coupland.)

Der intellektuellste aller Kapitalisten

In der Terminologie der Managementlehre ist Bill Gates der ultimative intellektuelle Kapitalist. Von Anfang an wußte er, das wichtigste Kapital von Microsoft würden die Fähigkeiten seiner Mitarbeiter sein. Er stellte stets die besten Programmierer ein und band sie an sich, wobei er die Leute häufig direkt vom College anheuerte, wenn sie noch keine oder so gut wie keine praktische Erfahrung hatten.

Randall E. Stross zieht einen Vergleich zwischen der Softwarebranche und der Filmindustrie Hollywoods. „In der Softwareindustrie können die intellektuellen Ressourcen eines einzigen Programmierers mit Hilfe kaufmännischer Alchemie ganze Märkte schaffen, wo zuvor das Nichts war", sagt er. „Vergleichen Sie die weltweiten Einspielergebnisse des Studios, das den Zuschlag für den nächsten Stephen-Spielberg-Streifen erhält, mit jenen des Konkurrenzstudios, das sich mit dem Remake eines B-Movies zufriedengeben muß. Die Ertragsunterschiede zwischen erster und zweiter Ebene sind geometrischer, nicht arithmetischer Art."

In der Praxis wissen die meisten Organisationen die Talente und das Know-how ihrer Mitarbeiter nach wie vor nicht entsprechend zu schätzen. Jene, denen bewußt ist, was sie daran haben, konzentrieren sich aber zumeist auf das reine Know-how unter Ausschluß aller anderen Dimensionen des intellektuellen Kapitals, wie etwa der Beziehung zu Kunden und Lieferanten und des gesamten sozialen Gefüges der Organisation. Und auch das sind Gebiete, auf denen Bill Gates vor allen anderen wegweisend war.

Sorgfältig gepflegte Rasenflächen schmiegen sich um bewaldete Bereiche, und die niedrigen Gebäude mit ihrer weißen Fassade und ihren dunkelgrünen Fenstern fügen sich hübsch dazwischen. Ursprünglich waren die Gebäude in Form eines X angeordnet, um das Tageslicht im Inneren zu maximieren. Abweichend von den anderswo herrschenden Gebräuchen verzichtete man auf Großraumbüros und konzipierte jedes Büro als eigenes Zimmer mit einer verschließbaren Tür, das einem Mitarbeiter allein zur Verfügung gestellt wird.

Das war übrigens ein bewußter Versuch, jene Art von Alleinsein und Privatsphäre zu schaffen, die nach Ansicht Gates' notwendig ist, damit seine Mitarbeiter „dasitzen und denken" konnten, wie er seine Erwartungshaltung ihnen gegenüber ausdrückte. Um die soziale Interaktion zu gewährleisten, bietet der Campus auch zahlreiche Cafeterias und Kantinen, in denen man sich zu vom Unternehmen subventionierten günstigen Preisen mit Imbissen versorgen kann.

Auch in anderer Hinsicht hat sich die Unternehmenskultur seit der Gründung kaum verändert. Die Mitarbeiter sind leger gekleidet, sie fliegen Touristenklasse und steigen auf Geschäftsreisen in preisgünstigen Hotels ab (Gates selbst ist da übrigens keine Ausnahme). Es gibt keine Statussymbole wie eigene Speisesäle für das Management oder teure Büroeinrichtung.

Sparsamkeit wurde von Anfang an großgeschrieben. Wenn Mitarbeiter nach einiger Zeit diesen Grundsatz aus den Augen verloren und die Großzügigkeit des Unternehmens ausnutzen wollten, wurde immer wieder an die Firmenkultur erinnert. Selbstzufriedenheit und Bequemlichkeit wird nicht geduldet. Der Erfolg des Unternehmens, so wurden sie ermahnt, muß „jeden Tag aufs neue" verdient werden. Auch „Würstchen anstatt Shrimps" zu essen sei Bedingung für den Erfolg.

Vor allem aber bietet die Campus-Atmosphäre gerade den wichtigsten Microsoft-Mitarbeitern eine angenehme Arbeitsumgebung. Die Leute, die direkt vom College angeworben werden, finden hier viel eher ein ansprechendes Ambiente als in den klassischen Unternehmenszentralen. Das ist deshalb wichtig, weil die Leute aller Voraussicht nach ja viel Zeit auf dem Campus verbringen werden.

Die richtige Mannschaft für wichtige Aufträge

Gates sagt, der wichtigste Faktor für das anhaltende Wachstum von Microsoft sei seit jeher das Potential an wirklich intelligenten Leuten gewesen. Zu Beginn konnten Bill und Allen noch Programmierer bekommen, die sie persönlich kannten – „kluge Freunde", smart friends, wie er sie nannte –, doch im Laufe der Zeit ging der Vorrat an diesen Freunden zu Ende und er mußte ab da an „kluge Fremde", smart strangers, anheuern.

„Die einzige wirkliche Meinungsverschiedenheit, die Steve Ballmer (eine rechte Hand von Gates) und ich jemals erlebt hatten, entstand gleich zu Beginn, als Steve zu unserem Unternehmen stieß. Wir hatten damals gerade 25 Leute. Er sagte: ‚Wir müssen noch rund 50 Leute einstellen, um alle unsere Chancen wahrnehmen zu können.' Ich antwortete ihm: ‚Nein, auf keinen Fall, das können wir uns nicht leisten.' Dann dachte ich einen Tag lang darüber nach und sagte: ‚Okay, stell sie ein, so rasch du kannst, aber nur wirklich gute Leute, und ich sage dir, wenn du den Bogen überspannt hast.' Derzeit stehen wir bei 24.000 Leuten, und die einzige Grenze, an die wir nach wie vor stoßen, ist, die tollsten und intelligentesten zu finden."[5]

Trotz des exponentiellen Firmenwachstums hat sich Gates stets störrisch geweigert, Abstriche bei der Qualifikation der Mitarbeiter zu machen, vor allem in den Produktentwicklungsteams. Er wußte, daß die Anwerbung nur der allerbesten Programmierer es viel einfacher machen würde, andere Leute desselben Kalibers zu bekommen. Viele Unternehmen verordnen eine Probezeit, bei Microsoft werden die Kandidaten jedoch schon unter die Lupe genommen, bevor man sie einstellt. Von Anfang an alles richtig zu machen vermeidet spätere Zusatzkosten, einschließlich des Sinkens der Belegschaftsmoral, zu dem es kommt, wenn Mitarbeiter entlassen werden müssen, weil sie die erforderliche Leistung nicht bringen.

Das Credo des Unternehmens im Zusammenhang mit der Einstellung von Mitarbeitern lautet, daß ein mittelmäßiger Mitarbeiter schlimmer ist als ein ganz schlechter. „Wir haben kein Problem damit, wenn der Betreffende überhaupt nichts tut", erklärte Gates vor Microsoft-Managern, indem er seine Einstellungsprioritäten erläuterte, „aber mit einem mittelmäßigen Kollegen, der den Job gerade irgendwie schafft, schlittern wir in ernsthafte Schwierigkeiten."

Das Problem besteht aus Gates' Sicht darin, daß ein mittelmäßiger Mitarbeiter einerseits kaum loszuwerden ist, andererseits aber einen Platz im Unternehmen besetzt, den er einem brillanten Kollegen wegnimmt. Um das zu vermeiden, bestand Gates in den Anfangstagen des Unternehmens darauf, immer etwas weniger Mitarbeiter einzustellen, als zur Bewältigung der Arbeit nötig gewesen wären. Seine Formel dafür lautete n minus 1, wobei n die Zahl der eigentlich benötigten Mitarbeiter darstellt.

Diese Faustregel war Ausdruck einer klaren Botschaft: Stelle immer nur die Besten ein, weil dein Team ohnehin nie alle Leute bekommt, die es will. Bis heute schleppt Microsoft keine blinden Passagiere mit. Gates engagiert sich persönlich in der Personalgewinnung und ist stolz auf die hervorragenden Leute, mit denen er häufig selbst die Einstellungsgespräche geführt hat.

Koffein-Kids

„Ich selbst arbeite ziemlich viel, aber nicht mehr so viel wie zu Beginn. Ich habe nie erwartet, daß andere ebenso hart zupacken wie ich. An den meisten Tagen bringe ich es auf höchstens 12 Stunden. An Wochenenden arbeite ich praktisch nie länger als 8 Stunden. Und manchmal mache ich am Wochenende sogar blau oder gehe auf Urlaub."[6]

Die weithin berühmte Arbeitswut des Bill Gates fließt natürlich auch in die Microsoft-Kultur ein und läßt sich am besten folgendermaßen beschreiben: „Arbeite hart, und dann noch härter." Jahrelang sah Gates Urlaube bloß als Zeichen der Schwäche an. Der Campus in Redmond ist so konzipiert, daß die Mitarbeiter dort viele Stunden täglich verbringen und dazwischen in den Cafeterias kostengünstig schnell einen Happen essen können. Es ist ganz normal, daß Microsoft-Mitarbeiter sich ein Stück Pizza an ihren Schreibtisch bestellen, damit sie die Arbeit nicht wegen des Essens unterbrechen müssen. Das Unternehmen gewährt übrigens großzügige Zuschüsse zu Soft Drinks und Kaffee.

Man hat errechnet, daß Microsoft jährlich mehr als $ 8000 pro Mitarbeiter für nicht verpflichtende Sozialleistungen ausgibt, wovon $ 715 pro Jahr und Mitarbeiter allein auf Getränke und Essen entfallen. So erklärte ein Microsoft-Mitarbeiter 1994 gegenüber der Newsweek: „Alles, was Koffein enthält, ist bei uns gratis."

Mike Tyrrel von Netscape kann das bezeugen. Im Zuge der anhaltenden Verhandlungen seines Unternehmens mit Microsoft stellte er fest, daß er plötzlich sehr unorthodoxe Ar-

> *Es ist ganz normal, daß Microsoft-Mitarbeiter sich ein Stück Pizza an ihren Schreibtisch bestellen, damit sie die Arbeit nicht wegen des Essens unterbrechen müssen.*

beitszeiten hatte. „Ich führte zahlreiche Gespräche mit diesen Leuten spät nachts, aus Hotelzimmern irgendwo im Land und von zu Hause aus. Das Telefon läutete plötzlich sogar mitten in der Nacht, und meine Frau beschwerte sich bereits: ,Du willst mir doch nicht weismachen, daß das schon wieder die von Microsoft sind?' Doch genau so sind die Leute bei Microsoft. Ich kann gar nicht glauben, daß die jemals schlafen."[8]

Wie ein Microsoft-Mitarbeiter 1994 gegenüber Newsweek *erklärte: „Alles, was Koffein enthält, ist bei uns gratis."*

Wie die Schlafgewohnheiten der Mitarbeiter auch sein mögen, Gates hat in Redmond jedenfalls eine einzigartige Arbeitsumgebung geschaffen. Die Unternehmenszentrale ist zugleich ein Brutofen der Kreativität mit äußerst effizientem Projektmanagement, wenn es darum geht sicherzustellen, daß Produkte – mit einigen weithin bekannten Ausnahmen – zeitgerecht ausgeliefert werden. Sehr zum Bedauern der Konkurrenz arbeiten die Microsoft-Teams hervorragend zusammen. Sie haben einen unersättlichen Appetit auf Arbeit und lassen sich nicht austricksen. Nach Angaben von *Fortune* ist diese Fähigkeit, die Belegschaft bei der Stange zu halten, eines der wesentlichen Microsoft-Erfolgsgeheimnisse. Gates hat das geschafft, so mutmaßt das Magazin, „indem er die Herausforderung, die Computerwelt zu verändern, mit seinen Mitarbeitern teilt. Microsoft-Mitarbeiter engagieren sich stärker für das gemeinsame Ziel als die Mitarbeiter anderer Unternehmen, weil sie eine Führungskraft vor sich haben,

„Microsoft-Mitarbeiter engagieren sich stärker für das gemeinsame Ziel als die Mitarbeiter anderer Unternehmen, weil sie eine Führungskraft vor sich haben, die sich gemeinsam mit ihnen an vorderster Front abmüht."

die sich gemeinsam mit ihnen an vorderster Front abmüht." Und genau diese Qualität brachte Steve Jobs anfangs auch bei Apple ein.

Gates hat seine eigene, ganz spezielle Auffassung von der Arbeit eines Managers. Er betrachtet sich selbst als einen außergewöhnlichen Manager von Menschen (obwohl manche seinen aggressiven und bisweilen ungeduldigen Stil als „management by abuse", Mißbrauchsmanagement, bezeichnen). Dem Technikexperten bleibt immer nur wenig Zeit für die Arbeit des Managers und Generalisten, und er erwartet von seinen Mitarbeitern, daß sie zusätzlich zu ihrem sonstigen Fachwissen auch Managementqualitäten an den Tag legen.

„Die Kunst des Managements besteht darin, Menschen zu fördern, ohne sie selbst zu Managern zu machen", sagte er einmal. Diese Aussage hat er mittlerweile ein wenig modifiziert, indem er sie auf technische Bereiche einschränkt. Seine Ansichten über das Management hat er trotzdem nicht geändert.

„Ich verstehe einfach nicht, daß es einen Unterschied zwischen einem professionellen Manager und anderen Leuten geben soll", sagt Gates. „Professionell sind wir schließlich alle, wir arbeiten und werden dafür bezahlt. Wo sollte da ein Unterschied sein? Ich jedenfalls sehe keinen. Keiner sagt: ‚Ich bin ein professioneller Manager, gebt mir doch bitte etwas zu managen', wir sind da, um unseren Job zu erledigen. Deshalb unterscheiden wir auch nicht zwischen den Mitarbeitern, die einen Managementjob haben, und den anderen."

Was das Unternehmen jedoch schon tut, ist, den Leuten ganz klar Ziele vorzugeben, ihnen zu sagen, was von ihnen erwartet wird, und sie dann selbständig damit klarkommen zu lassen.

Der Club der Millionäre

Microsoft bezahlt seinen Mitarbeitern seit jeher niedrigere Gehälter als die Konkurrenz. Bis vor kurzem bezog auch Bill Gates nur ein Jahresgehalt von bescheidenen $ 500.000. (Im Jahr 1993 bezahlte Microsoft seinen fünf Spitzenleuten insgesamt $ 1,9 Millionen, während der Chef der Konkurrenzfirma Oracle Corporation, Larry Ellison, allein $ 5,7 Millionen nach Hause brachte.) Daß das funktionieren kann, dafür sorgt der langfristig ausgelegte Aktien-Bezugsrechtsplan bei Microsoft, der praktisch allen Mitarbeitern die Option einräumt, zu einem bestimmten Zeitpunkt Microsoft-Aktien zu einem Fixpreis zu erwerben.

Mit Hilfe dieser Aktienbezugsrechte hat Bill Gates mehr Leute zu Millionären gemacht als jeder andere Unternehmer vor ihm. Ein Kommentator bemerkte dazu: „Microsoft ist schon deshalb einzigartig, weil auf seinen Campus anders als zu jedem anderen Arbeitsplatz mehrere tausend Millionäre, Multimillionäre und sogar Multimilliardäre (zwei) weiterhin jeden Tag zum Malochen kommen."[9]

Der Microsoft-Manager

Microsoft hat sich unter anderem stärker als die meisten anderen um eine Definition der Rolle des Managers bemüht.

„Jeder, der nur irgendwelche Untergebenen hat, führt das Wort ‚Manager' in seinem Titel", sagt Mike Murray, stellvertretender Personalchef. „Wir erwarten von diesen Leuten, daß sie aus ihren Mitarbeitern mehr herausholen. Und

> *wir haben festgestellt, daß es drei wesentliche Antriebsfak-*
> *toren für erfolgreiche Microsoft-Manager gibt:*
>
> ◆ *Sie achten darauf, daß die Gruppe und jedes einzelne*
>   *Gruppenmitglied ein klares Ziel sowie die zugehörigen*
>   *Etappenziele vor Augen und entsprechende Leistungs-*
>   *maßstäbe an der Hand hat.*
>
> ◆ *Sie müssen hervorragend planen können und den bisweilen*
>   *len ermüdenden Prozeß der Herausarbeitung von Details*
>   *auf ihrem Weg zum Ziel beherrschen.*
>
> ◆ *Sie geben laufend Feedback."*

An der Wall Street hat man berechnet, daß nicht weniger als 2.200 Programmentwickler des Microsoft-Jahrgangs 1989 innerhalb von nur zwei Jahren zu Millionären wurden. Doch das Spiel zahlt sich auch für die vielen nachkommenden Rekruten aus, obwohl einige befürchten, daß die fetten Jahre, in denen sich der Microsoft-Aktienkurs jeweils verdoppelt, einmal vorüber sind.

Was man jedoch nicht vergessen sollte, ist einerseits Gates selbst, mit dem jedermann sein immenses Vermögen assoziiert, und andererseits die Tatsache, daß der Geldsegen natürlich an den Aktienkurs gebunden ist. Die Microsoft-Papiere befinden sich in einer endlos scheinenden Aufwärtsspirale, so daß es für Microsoft-Mitarbeiter unglaublich schwierig ist, über den Zeitpunkt zu entscheiden, an dem sie ihr Bezugsrecht ausüben sollten.

Konzernintern kursiert dazu ein Witz: „Auf diesem Gelände fahren eine Menge Schneemobile um $ 100.000 herum." Gekauft wurden sie um $ 2000 mit dem Erlös aus dem Optionenverkauf, bevor der Aktienwert auf das Fünfzigfache kletterte.

Ein weiterer wichtiger Aspekt des Gates'schen Ansatzes war das beständige Herunterspielen des Microsoft-Aktienkurses, übrigens eine sehr vernünftige Reaktion auf die wilden Kursschwankungen, die auch ein kerngesundes Unternehmen ins Trudeln bringen könnten. Wie Gates genau weiß, sind High-Tech-Unternehmen wie Microsoft besonders anfällig für die Unwägbarkeiten der Wall Street, vor allem in den Vorlaufzeiten zur Markteinführung strategisch wichtiger neuer Produkte wie etwa einer neuen Windows-Version. Um diesem Risiko entgegenzuwirken, versucht Gates, ganz anders als andere Firmenchefs, seit Jahren die Microsoft-Kursentwicklung herunterzuspielen.

„Wir haben immer gesagt, daß angesichts unseres langfristigen Ansatzes das Geschäft eine zyklische Entwicklung durchlaufen muß. Es wird Höhen und Tiefen geben. Bisher konnten wir zwar noch keine Tiefen feststellen, doch wir wollen weiterhin ehrlich sein. Wir sagen, daß unsere Gewinnsituation ein prozentuales Wachstum aufweist, das sich nicht endlos aufrechterhalten läßt. Wir sagen den Analysten immer: ‚Bitte, empfehlen Sie unser Papier nicht. Wir verkaufen Software und nicht Aktien. Setzen Sie Ihre Ertragsprognosen niedriger an, agieren Sie konservativ.‘ Wir sind langfristig nicht bestrebt, unsere Aktie zu bewerben. Schließlich sind wir eines der höchstbewerteten Unternehmen Amerikas, und meiner Ansicht nach spiegelt das nur den Optimismus über die hier arbeitenden Leute wider und darüber, was Software sein kann."[10]

Indem er auf die Bewertung des Aktienkurses als Hauptelement der Entlohnung setzte und weniger auf die Gehälter, fand Gates das perfekte Bindeglied zwischen Leistung und Entlohnung. Wie er es ausdrückt: „Wir benutzen die Miteigentumsoption als eine Art Kitt, der uns zusammenhält."

Was viele überrascht, ist die Zahl der Mitarbeiter, die im Unternehmen bleiben, auch wenn sie finanziell besser abgesichert sind, als sie es sich jemals erträumt hatten. Ja, wenn Mitarbeiter tatsächlich ihren Hut nehmen, das ergeben die Microsoft-Nachforschungen, dann meistens nicht deshalb, weil sie bereits genügend Geld verdient haben, sondern weil sie in ihrer Arbeit keine Herausforderung mehr sehen.

Der wahrscheinlich aussagekräftigste Beweis für die positive Microsoft-Kultur besteht in der geringen Mitarbeiter-Fluktuation. Viele Leute dort sind durch Nutzung ihres Aktienbezugsrechtes bereits Ende Zwanzig oder Anfang Dreißig zu Millionären geworden. Sie könnten sich heute problemlos zur Ruhe setzen, doch sie tun es nicht. Wie sagte doch ein Microsoft-Manager? „Was sollten sie denn mit ihrem Leben anfangen? Wo sonst hätten sie noch so viel Spaß?"

Nur die hellsten Köpfe einstellen

Gates versucht seit jeher, die intelligentesten Köpfe in der Computerbranche für sein Unternehmen zu gewinnen. Er verfolgt damit eine bewußte Strategie, die sicherstellt, daß Microsoft die besten Leute der ganzen Branche anzieht. Manche haben Gates' elitäres Gehabe kritisiert, doch in Wahrheit ist er einer der ersten Unternehmer überhaupt, die die Bedeutung von intellektuellem Kapital wirklich verstehen.

◆ *Nur die Besten einstellen. Gates hat von Anfang an hartnäckig darauf bestanden, immer nur die klügsten Köpfe anzuwerben. Bei Microsoft heißen sie „High-IQ-People", und Gates hat es sich etwas kosten lassen, um für diese Leute attraktiv zu sein. Wenn nötig, greift der Chef sogar höchstpersönlich in das Aufnahmegespräch ein.*

◆ **Die Kreativität fördern.** *Im architektonisch sehr bewußt geplanten Microsoft-Hauptquartier in Redmond, Washington, hat Gates ein Umfeld aufgebaut, das wie geschaffen ist für die Gruppe intelligenter junger Mitarbeiter, die er anziehen möchte. Mit einer einfachen Ästhetik, den offenen Gemeinschaftsbereichen und Grünflächen erinnert das Ganze am ehesten an die College-Atmosphäre, die vielen der Neulinge, die direkt von den Unis kommen, noch so vertraut ist. Folgerichtig wurde die Anlage auch Microsoft-Campus genannt.*

◆ **Keine Zugeständnisse, was die Qualifikationen des Personals anlangt.** *Trotz des exponentiellen Wachstums seiner Firma weigerte sich Gates stets, bei der Qualität der Mitarbeiter Kompromisse einzugehen, vor allem in den Produktentwicklungsteams. Er wußte, daß es durch die Einstellung der Elite unter den Informatikern leichter werden würde, andere Leute desselben Kalibers anzuziehen.*

◆ **Härter als alle anderen arbeiten.** *Die weithin berühmte Arbeitswut des Bill Gates wird auch in der Microsoft-Kultur spürbar, wo es heißt: „Arbeite hart und dann noch härter!" Jahrelang betrachtete Gates Urlaube nur als ein Zeichen von Schwäche. Der Microsoft-Campus in Redmond ist so konzipiert, daß die Mitarbeiter dort lange ungestört arbeiten können, was durch zahlreiche Cafeterias und Kantinen mit preiswerten Speisen und alkoholfreien Gratisgetränken erleichtert wird.*

◆ **Die Mitarbeiter mit Aktienbezugsrechten entlohnen.** *Microsoft hat seinen Mitarbeitern stets niedrigere Gehälter geboten als die Konkurrenz. Dies war nur mit Hilfe von Aktienbezugsrechten möglich, die beinahe allen Mitarbeitern eine Option zum künftigen Kauf von Microsoft-Aktien zu* *einem Fixpreis eröffnen. Durch diese Aktienbezugsrechte hat Bill Gates mehr Leute zu Millionären gemacht als jeder andere Unternehmer in der Geschichte. Viele Leute, die nach wie vor bei Microsoft arbeiten, sind bereits vielfache Millionäre.*

Anmerkungen:

1 Stross, Randall, E., *The Microsoft Way,* Addison-Wesley, Reading 1996

2 Morris, Betsy, „The Wealth Builders", *Fortune,* 11. Dezember 1995

3 Schlender, Brent, „The Bill and Warren Show", *Fortune,* 20. Juli 1998

4 Stross, Randall, E., *The Microsoft Way*

5 Jager, Rama. D. und Ortiz, Rafael, *In the Company of Giants,* McGraw-Hill, Engelwood Cliffs 1997

6 Jager, Rama D. und Ortiz, Rafael, *In the Company of Giants*

7 Stross, Randall, *The Microsoft Way*

8 Wallace, James, *Overdrive,* John Wiley & Sons, New York 1997

9 Stross, Randall, *The Microsoft Way*

10 Jager, Rama D. und Ortiz, Rafael, *In the Company of Giants*

Überleben lernen

*Der Erfolg ist ein miserabler Lehrmeister – er spiegelt klugen
Leuten vor, sie seien unbesiegbar.*

Bill Gates

Mit Microsoft hat Bill Gates eine Art gieriger Lernmaschinerie geschaffen. Lernen, so glaubt er, sei ein Zeichen „intelligenter Organisationen", die ihre internen Prozesse kontinuierlich verbessern. Es ist auch die beste Methode, um jede Selbstzufriedenheit zu vermeiden und bietet bestmöglichen Schutz gegen Fehler. Gates' Konkurrenz ist weniger umsichtig. Sein Aufstieg war nur möglich, weil er stets aus den Fehlern der anderen gelernt und von ihnen profitiert hat.

„Der Großteil unseres Erfolgs ist darauf zurückzuführen, daß irgendeiner unserer Konkurrenten Fehler begeht – glücklicherweise. Man sollte zwar nicht von einer Strategie abhängig sein, die auf den Fehlern anderer Leute aufbaut, aber Tatsache ist, daß uns diese Fehler ein ziemliches Stück weiterbringen können."

Gates' besonderes Talent besteht darin, nicht in die Fallen zu tappen, in die andere nur allzu leicht geraten, und zugleich alle Chancen wahrzunehmen, die sich aus den Fehlern der Konkurrenz ergeben. In einer Branche, in der schon so viele der einst Mächtigen auf die Nase gefallen sind, ist die Bilanz des Bill Gates eindrucksvoll – jedenfalls bisher.

„Der Großteil unseres Erfolgs ist darauf zurückzuführen, daß irgendeiner unserer Konkurrenten Fehler begeht – glücklicherweise. Man sollte zwar nicht von einer Strategie abhängig sein, die auf den Fehlern anderer Leute aufbaut, aber Tatsache ist, daß uns diese Fehler ein ziemliches Stück weiterbringen können."

Was Gates in vielerlei Hinsicht von anderen Führungspersönlichkeiten in der Computerbranche unterscheidet, das ist seine Fähigkeit, sich voll und ganz auf geschäftliche Dinge zu konzentrieren. Trotz seines unglaublichen Erfolgs – und der möglichen Ablenkung durch Ruhm und Vermögen – engagiert sich Gates für sein Unternehmen wie am ersten Tag. Er verbindet einen analytischen Geist mit echter Leidenschaft für die Technologie, weshalb er den Horizont ständig nach neuen Entwicklungen absucht. Diese intellektuelle Rastlosigkeit spürt man bei Microsoft überall. Sie hält Gates und seine Leute in Schwung.

Fehler werden ausgemerzt

Bisher hat sich Gates in einer überaus konkurrenzbetonten Branche als bemerkenswert widerstandsfähig erwiesen. Dieser Erfolg ist großteils darauf zurückzuführen, daß er sich auf das konzentriert, was er wirklich beherrscht – auf die Software. Schon ganz zu Beginn, als Paul Allen und er das Unternehmen gründeten, war es Gates, der seinen Freund davon überzeugte, daß die Zukunft in der Software und nicht in der Hardware liegen würde.

Mit einigen wenigen Ausnahmen – darunter die Vermarktung einer eigenen Microsoft-Maus – hat sich Gates tatsächlich auf das beschränkt, was er meisterhaft beherrscht, und hartnäckig darauf bestanden, daß Microsoft Software produziert und sich somit auch auf diesen Markt zu konzentrieren hat.

„Microsoft wurde schließlich gegründet, um großartige Software zu entwickeln", sagt Gates. „Wir sind nicht dazu da, um uns in anderen Bereichen zu profilieren. Wir wissen nur, wie man Leute einstellt und wie man Softwareprodukte managt und globalisiert."[1]

Es gibt auch eine Regel, wonach sämtliche Fehler, die in Microsoft-Software entdeckt werden, sofort beseitigt werden müssen. Dasselbe gilt übrigens auch für die Art und Weise, wie die unternehmensinternen Prozesse organisiert sind. Unter Gates' Einfluß hat Microsoft eine erstaunliche Lernbereitschaft, ja Lerngier entwickelt.

Microsoft U.

Mit Microsoft hat Gates wahrscheinlich weltweit eines der wenigen Beispiele für die berühmte lernende Organisation geschaffen. Die Unternehmenszentrale in Redmond ist nach den Richtlinien einer Universität gebaut worden und wird auch als Microsoft-Campus bezeichnet. Doch das Engagement für ein kontinuierliches Lernen geht weit über Bürogebäude hinaus.

Was die Systeme zur Erhaltung des intellektuellen Kapitals betrifft, so ist Microsoft der Konkurrenz weit mehr als eine Nasenlänge voraus. Heute versuchen viele der weltweit bekanntesten Unternehmen, Wissens-Managementsysteme einzuführen (siehe *Die lernende Organisation* auf Seite 104). Doch Gates weiß seit jeher um die Bedeutung der Förderung eines Umfeldes, in dem Wissen ausgetauscht und erhalten wird.

Trotz der freien und legeren Umgangsformen gibt es bei Microsoft strenge Regeln, die die Softwareentwicklung betreffen. Vor allem besteht Gates darauf, daß die Microsoft-Entwickler überall, wo dies möglich erscheint, ihre Programmiermethoden standardisieren und zusätzlich den Standards folgen, die bereits zuvor entwickelt wurden und dokumentiert sind. So profitieren die Entwicklungsteams von der Arbeit ihrer Kollegen und können auch problemlos zwischen den Projekten hin- und herwechseln. Die Alternative, und andere Unternehmen haben damit negative Erfahrungen gemacht, bestünde in einem Wust verschiedener Ansätze, die unweigerlich und immer wieder zur Neuerfindung des Rades führen müssen.

In Redmond ist man richtig fanatisch, was das Lernen aus früheren Fehlern betrifft. „Ich hatte da diese Checkliste Ten Great Mistakes of Microsoft, die ich alljährlich aktualisierte, und ich wollte sie in Form eines Memos möglichst anregend gestalten, damit die Leute daraus Lehren für die Zukunft des Unternehmens ziehen können", sagte Gates.

„Viele unserer Fehler haben damit zu tun, daß wir nicht früh genug in gewisse Märkte gegangen sind. Das Problem bestand immer in der zu geringen Zahl von Leuten, die wir einstellen konnten, wobei das Management weiterhin funktionieren mußte, und in der Notwendigkeit, alle Lieferverpflichtungen einzuhalten. Wir standen in vielen Situationen auf Messers Schneide und sind immer wieder an unsere Grenzen gegangen, was das Einstellen von Mitarbeitern betrifft."[2]

Die Fähigkeit, möglichst rasch neue Leute zu finden, war ein wesentlicher Faktor für die Entwicklung von Microsoft. Man entwickelte Systeme zur Dokumentation des vorhandenen Wissens und verschaffte so allen Neuankömmlingen sofortigen Zugang zu dem, was ihre Kollegen bisher gelernt hatten. Da ohnehin nur relativ wenige Leute Microsoft verließen, um zur Konkurrenz zu gehen, war das Risiko, daß heikle Informationen zur Konkurrenz durchsickern könnten, minimal. Ein Grund, warum Gates seine Zentrale gerade in Redmond errichten wollte, bestand nach seinen Worten in der Überzeugung, daß man „in Silicon Valley keinerlei Geheimnisse bewahren kann".

Kommunikationsschleifen

Gates sorgte auch für ein Kommunikationssystem, über das die Mitarbeiter an allen Stellen in der Organisation ihren Kollegen unmittelbar Feedback geben können. Sogenannte „Feedback-Loops" sind Gates' Leidenschaft, und sie finden sich bei allem, was Microsoft tut.

Wie man sich von der wichtigsten Softwarefirma der Welt erwarten darf, verfügt Microsoft über eine überaus komplexe elektronische Infrastruktur. Mit Hilfe von E-Mail kann jeder im Unternehmen mit jedem anderen, darunter auch mit Gates selbst, kommunizieren.

„In einer im mathematischen Sinne iterativen Branche, in der sich alles so rasch verändert, müssen wir häufig mittendrin unseren Kurs ändern, und dazu benötigen wir effiziente Feedback-Schleifen. Unser E-Mail-System, bei dem es keine Hierarchie gibt, stellt sicher, daß jeder, der etwas über ein Problem wissen sollte, dies auch innerhalb von 48 Stunden erfährt."

Gates selbst ist berühmt für seine schnellen E-Mail-Antworten auf Mails seiner Mitarbeiter. Über einen leitenden Manager, der das Unternehmen verlassen hat, wird gemunkelt, er habe seine Mailbox nicht oft genug durchgesehen.

Die bei Microsoft bestehenden Feedback-Schleifen geben auch der Konkurrenz einigen Grund zur Sorge. Eine solche Sorge gilt der Beachtung der sogenannten chinesischen Mauer zwischen den Entwicklungsteams der Betriebssysteme und den Entwicklungsteams für die einzelnen Anwendungen. Daß das Unternehmen über das Betriebssystem verfügte, das

Über einen leitenden Manager, der das Unternehmen verlassen hat, wird gemunkelt, er habe seine Mailbox nicht oft genug durchgesehen.

schließlich zum Industriestandard aufstieg, verschaffte Microsoft-Programmierern natürlich einen enormen Vorsprung vor der Konkurrenz. Rein theoretisch bestand daher gegenüber Microsoft die Erwartungshaltung, auf Ausgewogenheit und Gerechtigkeit zu achten und die Abteilungen für Betriebssysteme und jene für Anwendungen streng getrennt zu halten. Diese künstliche Trennung wurde als „chinesische Mauer" bezeichnet. Doch, so hört man immer wieder, die Mauer gleicht eher einem Maschengitterzaun, und die Anwendungsentwickler von Microsoft verfügen über Insiderinformationen das Betriebssystem betreffend, die den Programmierern anderer Unternehmen nicht zur Verfügung stehen, und umgekehrt.

Die lernende Organisation

Das Konzept der lernenden Organisation basiert auf den Arbeiten des Wirtschaftswissenschaftlers Chris Argyris von der Harvard Business School und jenen von Peter Senge an der Sloan School of Business am MIT.

„In ihrer einfachsten Ausprägung ist eine lernende Organisation eine Gruppe von Menschen, die ihre Fähigkeiten, die Zukunft zu gestalten, laufend verbessern", erklärte Peter Senge vom MIT, als er das Konzept der lernenden Organisation einem Massenpublikum vorstellte. „Die traditionelle Bedeutung des Wortes Lernen umfaßt viel mehr als nur die Aufnahme von Information. Es geht dabei um die Veränderung von Individuen, damit diese Resultate hervorbringen, die ihnen nicht gleichgültig sind, damit sie etwas erreichen, was ihnen wichtig ist."

Senge unterscheidet fünf Komponenten einer lernenden Organisation:

◆ *Systemdenken* – Senge spricht von Systemdenken und meint damit die wechselseitige Verbundenheit und Vernetzung der Dinge.

◆ *Persönliche Meisterschaft* – Senge läßt diese Idee in den vertrauten Kompetenzen und Fähigkeiten wurzeln, die mit der Funktion des Managements verbunden werden, doch er schließt auch das spirituelle Wachstum mit ein – die Öffnung gegenüber einer zunehmend tiefer werdenden Realität – und das Leben unter einem kreativen anstelle eines reaktiven Gesichtspunktes. Diese Fähigkeit ruht auf zwei Säulen – dem kontinuierlichen Lernen, die jeweilige Realität klarer zu sehen – und auf der daraus resultierenden Kluft zwischen Vision und Realität, die jene kreative Spannung produziert, aus der wiederum das Lernbedürfnis entsteht.

◆ *Geistesmodelle* – Dabei handelt es sich im wesentlichen um die Antriebsfaktoren der Organisation und ihre fundamentalen Werte und Prinzipien. Senge weist Manager auf die Macht gewisser Denkmuster auf organisatorischer Ebene und auf die Bedeutung einer nicht defensiven Erforschung der Beschaffenheit dieser Muster hin.

◆ *Gemeinsame Vision* – Hier betont Senge die Bedeutung gemeinsamen Schaffens, und er argumentiert, eine gemeinsame Vision könne nur auf der Vision des einzelnen aufbauen. Nach Senges Ansicht ist eine gemeinsame Vision vorhanden, wenn die Aufgabenstellung, die sich aus der Vision ergibt, von den einzelnen Teammitgliedern nicht mehr als getrennt von ihrer Person gesehen wird.

◆ *Teamlernen* – Die Disziplin des Teamlernens beinhaltet zwei praktische Faktoren: Dialog und Diskussion. Die erste ist durch Erforschen aller Möglichkeiten gekennzeichnet,

die zweite durch den gegenteiligen Prozeß einer Veren-
gung des Blickfeldes auf die beste Alternative unter den
Entscheidungen, die getroffen werden müssen. Beide Fak-
toren ergänzen einander, doch die Vorteile ihrer Verbin-
dung ergeben sich erst durch ihre vorherige Trennung. Den
meisten Teams fehlt es an der Fähigkeit, zwischen beiden
zu unterscheiden und sich bewußt zwischen beiden Mög-
lichkeiten hin- und herzubewegen.

Für die herkömmliche Organisation bedeutet es eine enor-
me Herausforderung, zu einer lernenden Organisation zu
werden. In der lernenden Organisation sind die Manager
eher Forscher und Entwickler als Kontrollorgane oder Aufse-
her. Senge argumentiert, daß Manager und Unternehmer
ihre Mitarbeiter ermuntern sollten, gegenüber neuen Ideen
offen zu sein, offen miteinander zu kommunizieren und ge-
nau zu verstehen, wie ihre Unternehmen funktionieren, eine
gemeinsame Vision zu entwickeln und gemeinsam auf ihr
Ziel hinzuarbeiten.

„Die Welt, in der wir leben, stellt uns vor nie dagewesene
Herausforderungen, auf die unsere Unternehmen leider
schlecht vorbereitet sind", sagt Senge.[4]

Microsoft reagiert auf diese Kritik, indem die Firma Softwareentwickler anderer Unternehmen nach Redmond ein-
lädt, um sie dort über die zukünftige Entwicklung des jeweiligen Microsoft-Betriebssystems aufzuklären. Doch die sogenannte chinesische Mauer innerhalb eines Unternehmens in
einer derart wettbewerbsorientierten Branche ist wohl kaum
aufrecht zu halten. Einerseits widerspräche das dem Konzept
der lernenden Organisation, und andererseits erscheint allein die Annahme einer solchen Mauer in der realen Welt irgendwie naiv. Microsoft hat nun einen Ombudsmann er-

nannt, der die Praktiken des Konzerns auf wettbewerbswidriges Verhalten hin prüfen und überwachen soll.

Crash Test Dummies

Es gibt noch einen anderen wichtigen Faktor, der Microsoft so lange an der Spitze der Branche gehalten hat. Gates war immer bereit, seine Software direkt von Kunden testen zu lassen. Freiwilligen, die die neuen Programme schon vorab kennenlernen wollen, werden Beta-Versionen von Microsoft-Software überlassen, sofern sie sich zu gewissen Rückmeldungen verpflichten. Damit bekommen die Programmierer Feedback von Leuten, die die endgültige Softwareversion tatsächlich verwenden werden. Die an einem solchen Beta-Test teilnehmenden Kunden informieren die Entwickler in Redmond über allfällige Fehler oder kleinere Defekte und sorgen für den Input über die Brauchbarkeit der Software.

Auf diese Weise wird der Kunde Teil des größeren Feedback-Prozesses, noch bevor das Produkt auf den Markt kommt, was die Marktakzeptanz der neuen Produkte natürlich beträchtlich erhöht. Diese Methode ist auch ein wesentlicher Faktor für die Geschwindigkeit, mit der Entwicklung und Markteinführung neuer Anwendungen bei Microsoft vonstatten gehen.

Kritiker wenden ein, Microsoft mißbrauche durch die Freigabe von Anwendungen, noch bevor diese ordnungsgemäß getestet wurden, die eigenen Kunden als Versuchskaninchen. Doch viele der freiwillig teilnehmenden Unternehmen betrachten die Methode als nützlich, um Vorausinformationen über künftige Microsoft-Entwicklungen zu erhalten und letztlich das Endprodukt mitgestalten zu können.

Viele High-Tech-Unternehmen haben ein echtes Interesse an der Entwicklung von Microsoft-Produkten, weil die Programme, die sie selbst produzieren, auf Microsoft-Software aufbauen. Sie profitieren von der frühzeitigen Information durch die Entwicklungsteams in Redmond, weil sie die Richtung erfahren, in die sich die Technologie entwickelt – ein Faktor, der einen wichtigen Erfolgsvorsprung für ihre eigenen zukünftigen Produkte darstellen kann.

Erkenne dich selbst

„Wüßten wir bei Hewlett-Packard, was wir wissen, wären wir dreimal so produktiv", bemerkte Lew Platt, CEO des US-Computerriesen, kürzlich bedauernd. Und HP steht mit seinem Wunsch, das neueste Patentrezept für den Geschäftserfolg sofort zu übernehmen, keineswegs allein da. Xerox, Unilever, General Electric, Unisys und Motorola sind nur einige der Unternehmen, die sich eifrig mit dem kniffligen Problem des Wissensmanagements abmühen.

Bei Microsoft praktiziert man Wissensmanagement schon seit Jahren. Das Thema hängt mit dem umfassenderen Kapitel „Intellektuelles Kapital" (IC) zusammen. Intellektuelles Kapital wird seinerseits üblicherweise in drei Kategorien unterteilt: Humankapital, Kundenkapital und Strukturkapital. Humankapital ist das, was sich in den Köpfen der Mitarbeiter befindet; Kundenkapital hat mit den Kundenbeziehungen zu tun, und Strukturkapital ist Wissen, das innerhalb der Organisation gespeichert ist und an neue Mitarbeiter weitergegeben werden kann. Diese dritte Kategorie ist der Schlüssel zum Wissensmanagement.

Nach Angaben von Thomas Stewart, der viel zum Thema publiziert hat, ist „Strukturkapital ein Wissen, das abends nicht nach Hause geht". Es beinhaltet alle möglichen Elemente, darunter Prozesse, Systeme und Firmenpolitik, die eine Akkumulation der Erfahrungen der Organisation darstellen, die diese im Laufe ihres Bestehens gesammelt hat.

Wissensmanagement hat viel mit dem Versuch zu tun, die anderen beiden Typen intellektuellen Kapitals zu Strukturkapital umzuformen. Die Idee dahinter: Aus Know-how läßt sich ein Wettbewerbsvorteil herausschlagen, der erfaßt, katalogisiert und jedermann zugänglich gemacht werden kann. Mit den andauernden Feedback-Schleifen und der möglichst weitgehenden Standardisierung des Programmiercodes war Microsoft also schon immer ein Musterschüler in Sachen Wissensmanagement.

Wissensmanagement-Struktur (KMS - Knowledge Management Structure)

Wissensmanagement-Struktur ist ein Begriff, den Tom Peters im Zuge seiner Ausführungen zur lernenden Organisation geprägt hat. Das „neue" Unternehmen muß seine bürokratischen Hürden niederreißen, muß aber Wissen und Fähigkeiten pflegen und fördern, sagt Peters, indem es Fachwissen so aufbereitet, daß dadurch die Schlagkraft der Verkaufsabteilungen erhöht wird. Gleichzeitig sollen diese Abteilungen ermutigt werden, ihr Wissen zum Wohle des Unternehmens als ganzes einzubringen. Microsoft besteht zur Gänze aus KMS.

Überleben lernen

Mit Microsoft hat Bill Gates eine unersättliche Lernmaschine geschaffen. Die Wißbegierde ist seiner Ansicht nach ein deutlicher Beweis für eine „intelligente Organisation" und die einzige Möglichkeit zu vermeiden, daß derselbe Fehler zweimal passiert. Die Konkurrenz ist da nicht so umsichtig. Durch das Lernen aus den Fehlern anderer hat sich Microsoft prächtig entwickelt.

◆ **Schuster, bleib bei deinem Leisten.** Bisher hat sich Bill Gates in einem heiß umkämpften Wirtschaftszweig als bemerkenswert zäh erwiesen. Das ist zu einem großen Teil darauf zurückzuführen, daß er sich an das hält, was er wirklich beherrscht: die Software.

◆ **Eine lernende Organisation schaffen.** Mit Microsoft hat Gates das verwirklicht, was wahrscheinlich eine der wenigen wirklich lernenden Organisationen der Welt darstellt. Die Firmenzentrale in Redmond, Washington, ist wie eine Universität organisiert und wird sogar als Microsoft-Campus bezeichnet.

◆ **Für ständige Kommunikation sorgen.** Es gibt bei Microsoft ein System, wonach alle Mitarbeiter überall in der Organisation ihren Kollegen laufend Feedback geben. Gates selbst hängt leidenschaftlich an dem, was er als „Feedback-Schleifen" bezeichnet, und solche Schleifen sind auch tatsächlich in alle Aktivitäten seines Unternehmens eingebaut.

◆ **Die Produkte von echten Kunden testen lassen.** Gates war immer bereit, seine Software von den Kunden ausprobieren zu lassen. Microsoft-Kunden bekommen Betaversionen neuer Software gegen entsprechende Rückmeldungen allfälliger Fehler angeboten. Auf diese Weise erhalten die Produktentwickler in Redmond Feedback von Leuten, die die endgültige Version der Software verwenden werden.

> ◆ **Erkenne dich selbst.** *Wissensmanagement ist heute der letzte Schrei unter Betriebswirten und Management-Gurus. Bei Microsoft betreibt man es schon seit Jahren.*

Anmerkungen:

1 Jager, Rama D. und Ortiz, Rafael, *In the Company of Giants*, Mc-Graw-Hill, New York 1997

2 Jager, Rama D. und Ortiz, Rafael, *In the Company of Giants*

3 Zitiert in Napuk, K., „Live and Learn," *Scottish Business Insider,* Januar 1994

4 Senge, Peter, „A growing wave of interest and openness," Applewood Internet Site, 1997

Keinen Dank erwarten

*Wir haben die Wahl. Entweder können wir das Bild von Bill
Gates als Antichrist übernehmen, wobei Microsoft das Reich des
Bösen darstellt, die dort produzierte Software nur Mist ist und
der Erfolg des Unternehmens eigentlich nur auf Betrug, ausge-
sprochene Lügen, juristische Tricks und brutalstes Marketing
zurückzuführen ist. Oder wir nehmen das Unternehmen beim
Wort und glauben, daß es die PC-Revolution in gutem Glauben
eingeleitet hat und daß sein Markterfolg nichts weiter als die
Belohnung für all die Dienste ist, die Microsoft für die
Öffentlichkeit geleistet hat.*[1]

Randall E. Stross, *The Microsoft Way*

Wenn Bill Gates eine Lektion mit aller Härte lernen mußte, dann war es die enge Verbindung zwischen Berühmtheit und schlechtem Ruf. Man darf sich nicht erwarten, zum reichsten Mann der Welt aufsteigen zu können, ohne sich auf dem Weg dahin Feinde zu machen – in der Computerbranche hat Gates jedenfalls mehr als genug davon. Auch das Interesse der Kartellbehörden hat er auf sich gezogen, und Microsoft muß nun schon jahrelang Untersuchungen wegen angeblicher wettbewerbsfeindlicher Praktiken über sich ergehen lassen.

Zugleich zieht ein solcher Reichtum und Erfolg eine gewisse Zahl von Sympathisanten, leider oft auch Speichelleckern an. Zu den ersteren zählen einige hochrangige Politiker wie US-Vizepräsident Al Gore, aber auch Medienzaren aus Hollywood, die Gates und seine Microsoft-Leute hofieren. Wer auch immer es bis zu Gates' Tür schafft, will sich unbedingt mit Gates persönlich oder mit seinen engsten Mitarbeitern unterhalten, um etwas über die digitale Zukunft und die Möglichkeiten einer Zusammenarbeit mit Microsoft zu erfahren.

Gates selbst hat in den letzten Jahren gezeigt, daß er die Bedeutung von Freunden in hohen Positionen kennt und zu schätzen weiß. Trotz seines ständigen Kampfes gegen die Kartellbehörden der USA hofiert er seinerseits die CEOs von Unternehmen der *Fortune 500* und hält Unternehmertagungen in Seattle und anderen Städten der USA ab. Vor kurzem führte er sogar Diskussionen mit den Chefs einer Reihe europäischer Unternehmen.

Trotz der Aufmerksamkeit, die Gates auf sich zieht, verteidigt er sein Privatleben, das er nicht für eine Angelegenheit des öffentlichen Interesses halten will, verbissen – vielleicht ist er da naiv. Schließlich ist er nicht nur Chef eines der mächtigsten Konzerne der Welt – dieses Unternehmen verändert täglich die Art und Weise, wie Menschen leben –, sondern er ist auch der reichste Mann der Welt. Wer schon von dem brillanten Intellekt dieses Mannes gehört hat, wer weiß, daß er in dem Ruf steht, bisweilen Zornanfälle zu bekommen, und bereits über seine Entscheidung, Millionen in ein Anwesen in der Nähe von Seattle zu investieren, gelesen hat, dem wird klar, daß die Medien der Welt jede seiner Bewegungen genau beobachten.

Millarden-Dollar-Bill

Bill Gates pflegt eine Haßliebe zu den Medien. Einerseits scheint er die Aufmerksamkeit zu genießen, mit der jede seiner Äußerungen zur Zukunft der Technologie quittiert wird. Andererseits scheint er angesichts der negativen Presse, die Microsoft immer wieder bekommt, aufrichtig verwundert und enttäuscht.

Außerhalb der USA erregt ein Besuch von Bill Gates häufig dieselbe Aufmerksamkeit wie die Visite eines Staatsoberhauptes. Politiker genießen es, zusammen mit ihm fotografiert zu werden. Von dieser Publizität profitiert Microsoft.

„Wie sehr sich die Presse für einen interessiert, hängt nicht unmittelbar mit der Größe zusammen: Microsoft und sein Chef erhalten so viel Aufmerksamkeit, wie alle anderen PC-Firmen zusammengenommen", bemerkt Randall E. Stross. „Obwohl 1996 die gesamten Intel-Einnahmen doppelt so hoch waren wie die von Microsoft – $ 3,6 Milliarden gegenüber $ 1,8 Milliarden – und Intel an siebenter Stelle unter den gewinnträchtigsten Unternehmen rangierte, während Microsoft nur Platz 29 erreichte."

Die schon etwas überfällige Markteinführung von Windows 95 war beispielsweise eines der meist beschriebenen Ereignisse der gesamten Wirtschaftsgeschichte. Und gerade die Veröffentlichung von Windows 95 zeigt auch die Kehrseite der Medaille – daß die Medien wie die Hyänen hinter ihm her sind, wenn Gates einmal etwas nicht so recht gelingen will.

Messias oder Antichrist?

Der hervorstechendste Aspekt der Publizität rund um Bill Gates ist sicherlich deren Intensität. Aus irgendeinem Grund ist Bill Gates für viele Leute eine Art Verkörperung der finsteren Machenschaften des Big Business geworden, wie kein anderer Unternehmer vor ihm.

Im April 1996 bescherte etwa das Magazin *Wired* seinen Lesern einen World-Wide-Web-Führer unter dem Titel „On hating Microsoft". Jede angeführte Site handelte vom Zorn oder anderen Ressentiments gegenüber Microsoft und Gates. Eine Seite, die sich selbst als „Bill Gates Fun Page" bezeichnete, brachte ein Foto des Microsoft-CEOs mit Teufelshörnern auf dem Kopf. Die Gates-Hasser konnten aus einem ganzen Arsenal tödlicher Waffen, darunter ein Messer, eine Schrotflinte und ein Uzi-Maschinengewehr, wählen, die sich mit einem einfachen Mausklick gegen sein Bild richten ließen. Dieses seltsam pervers anmutende Vergnügen ist nur eine unter mehreren bizarren Ausformungen, die die Anti-Microsoft-Stimmung im Laufe der Jahre angenommen hat.

Sozialhistoriker werden vielleicht eines Tages erklären können, warum so viele Leute Gates so ganz und gar nicht leiden können. Wir heute können nur spekulieren, was wohl dahinter steckt. Die erste Erklärung, die sich einem aufdrängt, ist schlichter Neid. Viele Leute nehmen es Bill Gates einfach übel, daß er so viel Geld verdient hat, sie selbst jedoch nicht. Vielleicht ist die Sache tatsächlich so einfach, doch wahrscheinlicher ist wohl, daß hier mehrere Faktoren eine Rolle spielen.

Kann es beispielsweise Zufall sein, daß der Aufstieg von Bill Gates als Antichrist gerade mit dem Untergang dieses anderen US-Sündenbocks, der Sowjetunion, zusammenfiel? Mit dem Verschwinden des kommunistischen Reiches, so ließe sich argumentieren, entstand doch ein Vakuum, für das ein neues Reich des Bösen gefunden werden mußte. Und wer hätte diese Rolle besser ausfüllen können als ein unglaublich reicher und mächtiger, linkischer Computerfreak an der Spitze einer weltumfassenden Softwarefirma? Na komm schon, Bill Gates, zeig dich!

Übrigens: Bill Gates ist nicht der erste ultrareiche Tycoon in der amerikanischen Geschichte, der wegen seiner wettbewerbsfeindlichen Aktivitäten zum Unhold gestempelt wurde. Vor einem Jahrhundert erlangte der texanische Ölbaron John D. Rockefeller die Kontrolle über die US-Raffineriebranche und die Öl-Pipelines des Landes. Rockefeller setzte seine so gewonnene Macht anschließend ein, um die Herrschaft auch über die Ölproduktion zu bekommen. Kritiker von Bill Gates betrachten das Betriebssystem DOS als das Gegenstück zu den damaligen Pipelines und als Zugang zur Kontrolle der gesamten Branche.

Anderseits gibt es eine ebenso engagierte, wenn auch kleinere Gruppe von Fans, die Gates mit beinahe gottähnlichen Kräften ausgestattet wissen wollen. Für diese Leute ist er der Goldjunge, dessen unglaublicher Intellekt und visionäre Kraft ihn zu etwas machen, was man wohl am ehesten als Seher im Reich der Technologie bezeichnen könnte. Wenn Gates sich zur Zukunft äußert – ob es um die Technologie-Konvergenz oder um die Verbreitung neuer Softwareanwendungen geht –, finden sich immer eine Menge Leute in den höchsten Rängen, die gläubig an seinen Lippen hängen (und das trotz der jüngst erfolgten Richtungsänderung, was die Auswirkungen des Internets betrifft).

Der Sündenbock unter den Unternehmern

Es ist nicht das erste Mal, daß die Lust, mit der Amerikaner nach einem Schurken suchen, ihr Ziel in einem der reichen Wirtschaftskapitäne gefunden hat. Der zurückgezogen lebende Ölbaron John D. Rockefeller und J.P. Morgan, König der Wall Street, wurden beide zu den Schuldigen für die Verfehlungen des Industriezeitalters gestempelt.

Teddy Roosevelt baute die politische Karriere, die ihn bis ins Weiße Haus beförderte, teilweise auf seine Antitrust-Kampagnen auf. Er wandte als erster den Sherman-Act, das Kartellgesetz, das bis heute die Grundlage für die Ermittlungen gegen Gates bildet, an, als er 1902 Morgan nachstellte. Das Gesetz war 12 Jahre zuvor als Reaktion auf die Monopolposition der Standard Oil von Rockefeller und anderen erarbeitet worden. Im Jahr 1911 führte es dazu, daß Standard Oil in eine Reihe kleinerer Unternehmen aufgesplittert wurde. Ironischerweise wurde Rockefeller dadurch sogar noch reicher. Dasselbe Gesetz wurde Jahre später angewendet, um gegen Ma Bell vorgehen zu können. In den siebziger Jahren ermittelte man übrigens auch gegen IBM, wobei vereinzelt der Ruf nach Zerschlagung des Big Blue zu mehreren Little Blues ertönte.

Und heute ist eben Microsoft an der Reihe, wobei Gates den öffentlichen Feind Nummer eins abzugeben hat. Wie Ran-

*dall E. Stross meinte: „Wir haben die Wahl. Entweder kön-
nen wir das Bild von Bill Gates als Antichrist übernehmen,
wobei Microsoft das Reich des Bösen darstellt, die dort produzierte Software nur Mist ist und der Erfolg des Unternehmens eigentlich nur auf Betrug, Lügen, juristische Tricks und
brutalstes Marketing zurückzuführen ist. Oder wir nehmen
das Unternehmen beim Wort und glauben, daß es die PC-
Revolution in gutem Glauben eingeleitet hat und daß sein
Markterfolg nichts weiter als die Belohnung für all die Dienste ist, die Microsoft der Welt geleistet hat."[2]*

*Jede Geschichte hat zwei Seiten. Die Recherchen von Stross,
der auch die Microsoft-Archive durchstöbert hat, veranlaßten ihn, der zweiten Erklärung zu folgen. Manche Leute wi-
dersprechen ihm natürlich heftig und meinen, die erste
komme der Wahrheit viel näher. Trotzdem: In einem Punkt
hat Stross sicherlich recht und ist über jeden Zweifel erha-
ben: Die Intensität der Anti-Microsoft-Gefühle stellt ein
recht eigenartiges – und vielleicht sogar einzigartiges –
Phänomen dar. Man wird schwerlich einen anderen Geschäftsmann finden, der dasselbe tiefe Mißtrauen in Menschen wecken kann.*

Wenn man aus all dem eine Lehre ziehen kann, dann sicherlich die, daß Menschen, die so reich sind wie Bill Gates,
es nie allen Leuten recht machen können – und daß es daher gar nicht sinnvoll sein kann, das zu versuchen. Gates
selbst scheint da nun ebenfalls langsam dahinterzukommen.

Der Techno-Tyrann

Bill Gates wurde auch persönlich immer wieder wenig
schmeichelhaft beschrieben. Als Kind soll er eine Neigung zu

Wutanfällen gehabt haben – eine Gewohnheit, die er nach Angaben einiger seiner Mitarbeiter noch nicht aufgegeben hat. Und fest steht, daß Gates mit Dummköpfen wenig Geduld hat.

„Die Zeit ist kurz, und wenn dann Leute immer wieder wiederholen, was ich ohnehin schon weiß, oder wenn sie nichts verstehen und mir nicht zuhören, obwohl ich ihnen etwas ganz genau erkläre, dann kann ich mit einem solchen Menschen nicht arbeiten – der gehört einfach nicht in dieses Team", sagte er einmal. Sein eigener Intellekt macht ihn ungeduldig gegenüber allen anderen, die weniger klug sind.

Es wurde behauptet, daß Gates' soziale Fähigkeiten weniger entwickelt seien als alle seine anderen Fähigkeiten. Tatsächlich ist er ein Produkt seiner Erfahrungen wie alle anderen Leute auch. Als frühreifes und sehr intelligentes Kind ging er in eine Eliteschule, bevor er sich in die berühmteste Universität der USA einschreiben ließ. Nach Harvard, so sagt er, sei er eigentlich gegangen, weil er „von Leuten lernen wollte, die klüger sind als ich ... ", aber er „habe eine Enttäuschung erlebt". Dieser Kommentar sagt wahrscheinlich ebenso viel über Bill Gates' Meinung über sich selbst wie über Harvard aus. Jedenfalls verließ er die Uni vorzeitig, um gemeinsam mit Paul Allen Microsoft zu gründen.

Gates war sein Leben lang von sehr klugen Leuten umgeben, und er verliert mit Menschen, deren Intellekt er nicht respektiert, leicht die Geduld. Bei Briefings soll er angeblich häufig in die Luft gehen, Gegenstände herumschleudern und schreien: „Das ist doch der größte Blödsinn, von dem ich je gehört habe...", nach mehreren Berichten ein Satz, den Mitarbeiter ziemlich häufig hören.

Nun könnte man einwenden, daß Gates, wenn er sich wie ein verzogener Fratz benimmt, es auch nicht verdient, daß die Leute ihn mögen. Doch der Mann hat auch noch eine andere Seite. Er kann sehr charmant, wenn nicht gar charismatisch sein. Auch konnte er bei zahlreichen Gelegenheiten beweisen, daß er in wichtigen geschäftlichen Dingen eine enorme Geduld an den Tag legen kann. Die Pokerspiele in Harvard haben ihn anscheinend darauf gut vorbereitet. Sein kühler, analytischer Geist macht ihn zu einem überlegenen Strategen. Und – Gates kann auch extrem großzügig sein.

So schickte er beispielsweise an dem Tag, an dem Windows 95 „vergoldet" wurde – also keine weiteren Veränderungen mehr nötig waren, bevor man das Produkt verkaufen konnte –, eine LKW-Ladung gekühlten Dom Perignon und mehrere Kästen Schlagsahne an die Programmierer, die rund um die Uhr gearbeitet hatten. „Wenn man 450 Computerfreaks Champagner und Schlagsahne gibt, hat man schon bald das ärgste Chaos", erklärte dazu der Teamleiter, als er beschrieb, wie seine Kollegen Dampf abließen.

Auf einer bestimmten Ebene benimmt sich Gates wahrscheinlich wie ein verzogenes Kind, das bockt und sich zu Boden wirft. Doch was sollte man auch von einem Menschen erwarten, der der reichste Mann der Welt und durch und durch ein Genie ist. Journalisten, die ihn interviewen, können von Glück reden, wenn sie ihm keine Frage stellen, die Gates „dumm" erscheint. Mittlerweile gibt es auch schon Anzeichen, als könnte der „Techno-Tyrann" mit dem Alter etwas milder werden. Manche behaupten, seine Ehe habe sein Temperament ein wenig gezügelt, und seine Freundschaft zu dem philosophischen Investitionsguru Warren Buffett gebe ihm eine entspanntere Einstellung zum Leben.

Journalisten, die ihn interviewen, können von Glück reden, wenn sie ihm keine Frage stellen, die Gates „dumm" erscheint.

Die wundersamen Abenteuer
von Bill und Warren

Als Bill Gates und der Weise unter den Investment-Gurus, Warren Buffett, 1995 ankündigten, sie wollten einen gemeinsamen Urlaub in China verbringen, mutmaßten viele Presseleute, das sei wohl nur irgendein seltsamer Publicity-Gag. Kommentatoren fragten sich ratlos, was die beiden reichsten Männer der Welt wohl außer Bergen an Barem gemeinsam haben könnten.

Buffett, er ist Ende 60, beschreibt sich selbst als „Cyber-Idioten", der es tunlichst vermeidet, in High-Tech-Unternehmen wie Microsoft zu investieren, weil er nichts von der Materie versteht. Gates ist für seine rasch durchbrennenden Sicherungen bekannt und zeigt sich mit Zeitgenossen, die sich mit Softwareentwicklung nicht eingehend beschäftigt haben, eher ungeduldig. Also eine durchaus eigenwillige Freundschaft, die sich jedoch bewährt zu haben scheint.

„Wir fuhren aus mehreren Gründen nach China. Einerseits wollten wir ausspannen und uns amüsieren. Wir fanden dort auch tatsächlich einige McDonalds-Filialen, so daß das Heimweh nicht überhand nahm. Interessant war es auch, auf unserer Reise all die Veränderungen zu beobachten, die dort stattfinden, die ganz verschiedenartigen Regionen zu sehen und einige der chinesischen Politiker zu treffen.

China ist ein Markt, in den Microsoft bereits investiert hatte. Seit unserer Reise tun wir da noch viel mehr. Trotzdem machen unsere China-Geschäfte gemessen am Gesamtumsatz nur einen winzigen Bruchteil aus – sie liegen weit unter einem Prozent, und obwohl sich das in den kommenden fünf Jahren alljährlich verdoppeln soll, läßt sich bestenfalls aus einer Zehnjahresperspektive sagen, daß es das Engagement wert ist.

Zwar werden in China pro Jahr rund drei Millionen

Computer verkauft, doch Software kaufen die Leute dort nicht. Eines Tages werden sie sie sicher zahlen müssen, aber solange sie sie noch stehlen, achten wir darauf, daß sie Microsoft-Software stehlen. Danach werden sie sicher irgendwann süchtig, und wir müssen nur noch herausfinden, wie wir in den nächsten zehn Jahren finanziell etwas herausschlagen können."

Gates und Buffett sind seit ihrer Reise enge Freunde und haben bereits mehrere Urlaube und Wochenenden gemeinsam verbracht. 1998 traten sie bei einer seltenen Gelegenheit sogar zusammen in der Öffentlichkeit auf, als sie 90 Minuten lang auf einer Bühne Rede und Antwort zu ihrer Geschäftsphilosophie standen. Dieses Ereignis, es fand an der University of Washington nahe der Firmenzentrale von Gates in Redmond statt, führte zu einem kräftigen Aufruhr: Die Schlange der von soviel Finanzkraft geblendeten Studenten erstreckte sich über die gesamte Lobby und durch die Tür des Union Building in Seattle ins Freie.

Die beiden Milliardärsfreunde geben schon ein seltsames Paar ab. Buffett bekennt, was Computer betrifft, Analphabet zu sein, und er verweigert sogar Investitionen in High-Tech-Unternehmen, weil er nichts davon versteht. Gates mag Leute, die nicht wissen, wie man einen Computer programmiert, nicht besonders. Trotzdem kommen sie wie die intimsten Freunde hervorragend miteinander aus. Anläßlich ihres gemeinsamen Auftritts luden der Super-Investor und der Cyber-Tycoon 350 Studenten der Betriebswirtschaft ein, sich an der Fragestunde zu beteiligen.

Und was ergab dieses Gipfeltreffen der Superköpfe für das versammelte Publikum? Die $ 64.000-Frage, oder, um genauer zu sein, die $ 84 Milliarden-Frage, denn so viel besitzen der CEO des Softwaregiganten Microsoft und der Chef der Investmentgesellschaft Berkshire Hathaway angeblich gemeinsam – lautete, wie man denn zum Midas wird. Die beiden Multimilliardäre waren erstaunlich offen, ohne jedoch irgendein konkretes Geheimnis preiszugeben. Buffett führte seinen finanziellen Erfolg nicht auf seinen IQ, sondern auf sein „rationales Verhalten" zurück. Was er getan habe, das könne schließlich jeder, meinte er mit entwaffnender Bescheidenheit; man müsse nur die richtigen Gewohnheiten entwickeln. Und das bedeute Gewohnheiten jener Leute, die man bewundere, zu übernehmen, und Gewohnheiten der anderen, die man verachte, abzulegen. Er habe Geschäfte mit Leuten, die er nicht leiden könne, immer zurückgewiesen, sagte er. Wichtig sei nur, daß man das, was man tue, gern tue.

Gates stimmte beiden Argumenten zu. Seine eigenen Gewohnheiten, so gab er zu, hätten sich durch seinen frühzeitigen Umgang mit Computern und durch die Gesellschaft anderer Computer-Fans ergeben. Was ihm wirklich Spaß gemacht habe, sei das Lösen von Problemen. Der Weise aus Omaha und der Digitalguru gaben ihre intimsten Geheimnisse also doch nicht in allen Einzelheiten preis.

Und an der Himmelstür...

Buffett und Gates stimmen auch in der Frage überein, was mit ihren riesigen Vermögen geschehen soll, wenn sie selbst einmal keine Verwendung mehr dafür haben werden. Was die Erbfrage angeht, so soll Gates gesagt haben, er werde keinem seiner Kinder mehr als $ 10 Millionen hinterlassen. Buffett ist für seinen Geiz gegenüber seinen drei Söhnen verschrien, und er soll ihnen mitgeteilt haben, sie hätten auch für den Fall seines Todes nichts zu erwarten. Statt dessen, so hat er verlauten lassen, werde er 99 Prozent seines Reichtums für wohltätige Zwecke spenden.

Keinen Dank erwarten

Wenn Bill Gates etwas wirklich mit aller Härte erfahren mußte, so die Tatsache, daß Ruhm und schlechter Ruf nicht weit auseinander liegen. Man kann eben nicht erwarten, sich auf dem Weg zum größten Vermögen der Welt nicht auch einige Feinde zu machen – und Gates hat in der Computerbranche mehr als genug davon. Und das hat er daraus gelernt:

◆ ***Sich nie von Neid und Eifersucht aus dem Konzept bringen lassen.*** *Am verblüffendsten an der Publizität rund um Gates ist deren Intensität. Aus irgendeinem Grund verkörpert Bill Gates für viele Leute die finsteren Machenschaften des Big Business mehr als jeder andere Geschäftsmann vor ihm. Seine Reaktion besteht in einer rationalen Verteidigung mit wohlüberlegten Argumenten.*

◆ ***Die Aufmerksamkeit der Medien zur Vermarktung der eigenen Produkte nutzen.*** *Microsoft profitiert von der Publicity rund um seinen berühmten Gründer. In Ländern außerhalb der USA erregt ein Besuch von Bill Gates häufig dieselbe Aufmerksamkeit wie die Visite eines Staatsoberhauptes. Damit hat Gates Zugang zu allen Kreisen wie kein anderer.*

◆ ***Ein Buch über die Zukunft der Technologie schreiben.*** *Das ist zwar eine etwas riskante Strategie, doch Gates fühlt sich offensichtlich verpflichtet, seinem Image als Computer-Visionär gerecht zu werden. Erst die Zeit wird zeigen, ob die Gedanken des Vorsitzenden Bill mehr sind als nur eine Modeerscheinung.*

◆ ***Sich mit reichen und berühmten Menschen umgeben.***

Als Bill Gates und Investment-Guru Warren Buffett 1995 ankündigten, sie würden gemeinsam China bereisen, dachten viele Presseleute an einen besonders gefinkelten PR-Gag. Die Kommentatoren fragten sich, was die beiden reichsten Menschen der Welt wohl außer ihrem Geld gemeinsam haben könnten. Gates und Buffett sind allen Unkenrufen zum Trotz enge Freunde geworden. Ein Teil der Popularität von Buffett scheint mittlerweile auch auf Gates abzufärben.

◆ ***Alles hergeben, aber nicht sofort.*** *Was das Erben betrifft, so soll Gates gesagt haben, er wolle seinen Kindern jeweils nicht mehr als $ 10 Millionen hinterlassen. Er muß wohl erst noch in den Philanthropen-Modus wechseln.*

Wenn Gates dem Beispiel seiner Vorgänger folgt, so wird er in eine Tradition eintreten, die von früheren amerikanischen Unternehmern geprägt wurde. Henry Ford, John D. Rockefeller und Dale Carnegie, sie alle haben im Alter große Beträge für gemeinnützige Stiftungen gespendet. Zyniker meinen, sie wollten damit nach einem Leben der Geschäftemacherei versuchen, sich auch ein wenig Beliebtheit zu erkaufen – und vielleicht sogar einen Platz im Himmel.

Bill Gates wurde kritisiert, weil er nicht mehr für wohltätige Zwecke spendet. Tatsächlich hat er wahrscheinlich noch nicht das Alter erreicht, in dem der Gedanke an den Tod schwer auf ihm lastet; schließlich ist er immer noch ein relativ junger Mann. Sollte er später die Gründung einer Gates Foundation beschließen, wird sich diese voraussichtlich mit Bildungsfragen beschäftigen, ein Gebiet, das er schon jetzt durch Online-Lernen aktiv unterstützt. Die bisherigen Erfahrungen lassen jedoch den Schluß zu, daß Gates, was immer er mit seinem Geld tut, sicher den Zorn und die Kritik der Medien auf sich ziehen wird.

Anmerkung:

1 Stross, Randall, E., *The Microsoft Way,* Addison-Wesley, Reading 1996

2 Stross, Randall, E., *The Microsoft Way*

3 Wallace, James und Erickson, Jim, *Mr. Microsoft. Die Bill-Gates-Story,* Ullstein, Berlin 1994

Visionen haben

Große Unternehmen werden nur dann Erfolg haben, wenn sie selbst es sind, die ihre Produkte alt aussehen lassen, nicht die Konkurrenz.

Bill Gates

Bill Gates ist der neue Typ des erfolgreichen Geschäftsmanns. Im Laufe der Jahre konnte er mehrmals zeigen, daß es in der Computerbranche keinen anderen gibt, auf den die Bezeichnung Visionär besser zuträfe. Sein profundes Verständnis der Technologie und seine einzigartige Fähigkeit, Daten zu kombinieren und zu extrapolieren, verleihen ihm ein besonderes Geschick, wenn es darum geht, zukünftige Trends auszumachen und die Microsoft-Strategie zu prägen. Das ruft bei Microsoft-Fans Ehrfurcht hervor und schüchtert die Konkurrenz ein. (Gates selbst spielt seine Rolle als Visionär herunter. „Visionen sind gratis und daher auch kein Wettbewerbsvorteil, gleichgültig in welcher Weise, Gestalt oder Form sie auftreten", ist ein typischer Gates-Ausspruch.)

Doch Gates erfüllt auch noch eine weitere wichtige Rolle bei Microsoft. Er wacht über die Unternehmenskultur und die Microsoft-Werte. Einige Unternehmen wie Merrill Lynch haben ihre Werte buchstäblich in Stein gemeißelt (das Unternehmen präsentiert sie in der Eingangslobby seiner Gebäude). Andere dokumentieren, was ihnen am Herzen liegt, in Büchern. So haben Johnson & Johnson ihre Werte in einem Credo niedergelegt, das noch auf die Gründer des Unternehmens zurückgeht. Hewlett-Packard propagieren

Gates über Visionen:
„Visionen sind gratis und daher auch kein Wettbewerbsvorteil, gleichgültig in welcher Weise, Gestalt oder Form sie auftreten."

den H-P Way, der handschriftlich das Bild der Gründerfamilie ziert. Und Microsoft hat seinen Bill Gates, den firmeneigenen, erleuchteten und weltweit agierenden IT-Guru.

Dasitzen und denken

Die modernen Unternehmen gehen in Managementfragen von den früheren hierarchischen Anweisungs- und Kontrollstrukturen ab. Allen voran die neuen High-Tech-Unternehmen mit ihren Kopfarbeitern wie beispielsweise den Softwareentwicklern, die ihre Arbeit selbstverständlich ohne Kontrolle von außen erledigen. Microsoft steht an der Spitze dieser Bewegung.

Gates gibt an, er zahle seine Leute dafür, daß sie „dasitzen und denken". Doch mehr noch als die berühmt exzentrischen Microsoft-Programmierer sieht Gates selbst seine Rolle als die des Unternehmens-Visionärs. Er will sich nicht mit den prosaischen Aspekten der Unternehmensführung identifizieren und findet, sein Job ist es, Pläne für die Zukunft zu schmieden.

„Wie managt man die Mitarbeiter im Verkauf und stellt sicher, daß die verwendeten Maßstäbe wirklich bis auf die Ebene des einzelnen Mitarbeiters wirksam werden und dort das richtige Verhalten anregen? Selbst wenn ich höre, wie Steve Ballmer in Meetings erklärt, wie er etwas tun wird, bin ich noch kein Experte auf diesem Gebiet. Wie muß die Werbung aussehen, damit wir die Botschaft auch hinüberbringen? Ich weiß irgendwie, wohin wir uns langfristig bewegen. Ich muß also darauf achten, daß die Botschaft mit dieser Zukunft übereinstimmt. Trotzdem bin ich kein Fachmann in diesen Dingen."[1]

Wo Gates allerdings selbst glaubt, ein Experte zu sein, das ist im Unterscheiden der technologischen Vergangen-

Die Bill-Gates-Methode

heit von der technologischen Zukunft. Gates´ Talent liegt darin, genau zu wissen, was hinter der nächsten Ecke wartet. Seine große Gabe als Führungspersönlichkeit ist, die Menschen um ihn durch die Herausforderung zu inspirieren, gemeinsam mit ihm die Computerindustrie umzukrempeln.

In den letzten Jahren hat er seine Rolle innerhalb von Microsoft deutlicher gestaltet und sein eigenes Gebot befolgt, „festzulegen, wie etwas zu tun ist". „Ich habe hier die Führungsrolle", erklärt er. „Das bedeutet im allgemeinen Arbeit mit den Produktentwicklern, um sicherzustellen, daß wir alles richtig machen, daß wir mit den richtigen Produkten und wichtigsten Kunden arbeiten."

RAM-Raider

Eine Kritik, die häufig gegen Microsoft erhoben wird, lautet, das Unternehmen sei keineswegs übertrieben innovativ, sondern klaue einfach die Ideen anderer und verkaufe sie dann als Microsoft-Produkte. Windows, das Microsoft-PC-Betriebssystem beispielsweise, wird von vielen nach wie vor als Imitation der Apple-Macintosh-Software betrachtet.[2]

„Wie die japanischen Computerfirmen mag Microsoft vielleicht nicht sonderlich innovativ sein, doch dieses Unternehmen perfektioniert Produkte", sagt Richard Shaffer, Präsident der Consultingfirma Technologic.[3]

Microsoft wurde einmal als „der Fuchs, der seine Beute erst über den Fluß entführt und dann auffrißt" bezeichnet. Doch nach Angaben eines Brancheninsiders symbolisiert ein Großteil der Kritik die sauren Trauben, die für die Konkurrenz einfach zu hoch hängen.

Gates hat auch bewiesen, daß er Innovationen ganz ausgezeichnet ausschlachten kann, und er hat eine Kultur geschaffen, die selbst das exzentrische Verhalten kreativer Mitarbeiter verträgt. Ein Microsoft-Softwareentwickler hatte seinen Arbeitsplatz beispielsweise mit Kuscheltieren vollge-
stellt. Seine Kollegen wußten bereits, daß er mit Vorsicht zu
genießen war, wenn er einen Teddybären unter den Arm ge-
klemmt hatte, weil er offensichtlich einen harten Tag hinter
sich hatte.

Kreativität managen

*Bis vor kurzem wußte man wenig über die eigentlichen Ma-
nagementprozesse im Umgang mit kreativen Menschen.
Doch ein kürzlich von John Whatmore am Roffey Park Management Institute in Großbritannien durchgeführtes For-
schungsprojekt beschäftigt sich damit, wie die Leiter kreativer Teams das Beste aus den besonderen Talenten, die sie
unter ihren Fittichen haben, herausholen.*

*Die Forscher untersuchten kreative Teams auf verschiedenen
Gebieten wie Improvisationstheater, pharmazeutische Forschung, Sport, Theater, Film und Journalismus. „Kreative
Menschen werden häufig als schwierig oder unlenkbar angesehen", erklärt Whatmore, doch es gibt Menschen, die
einfach dafür begabt sind, das Potential vorhandener Talente auszuschöpfen und aus Kreativen viel mehr herauszu-
holen, als irgend jemand in ihnen vermuten würde. Das erfordert jedoch einen anderen Managementstil – ein Locker-
lassen der Zügel.*

*Die Forschungsergebnisse weisen darauf hin, daß Men-
schen, die bei der Führung kreativer Teams hervorragend*

abschneiden, eine Umgebung schaffen, die zu Innovationen anregt und die Ambitionen des einzelnen fördert. Sie verfügen auch über eigene Methoden, die ihnen anvertrauten Mitarbeiter auf ihre besten Ideen zu bringen – oder, wie eine Führungskraft das nannte „das Denken aus ihnen herauszukitzeln".

Menschen, die auf diesem Gebiet gut sind, haben laut Whatmores Studie eine Reihe gemeinsamer Eigenschaften:

◆ Sie sind häufig Herdenmenschen mit der Fähigkeit, Ideen zu stimulieren, indem sie ein Thema auf mehrere verschiedene Arten darlegen.

◆ Sie haben die Fähigkeit, in anderen wie in einem offenen Buch zu lesen, was ihnen ermöglicht, sozusagen den richtigen Knopf zu drücken, um die Mitarbeiter zu ihrer Bestleistung anzuspornen.

◆ Sie verstehen das Zusammenspiel zwischen Kreativität und Kritik, indem sie eine „kreative Spannung" zwischen Teammitgliedern erzeugen und für laufendes Feedback sorgen.

◆ Sie sind bereit, die soziale Interaktion zwischen den Teammitgliedern zu fördern, häufig auch durch informelle Treffen außerhalb der Arbeitszeiten.

Über diese persönlichen Fähigkeiten hinaus haben kreative Führungspersönlichkeiten eine Vision dessen, was sich erzielen läßt, basierend auf einem umfassenden Fachwissen auf dem jeweiligen Gebiet; sie wählen Teammitglieder mit komplementären Fähigkeiten aus und berücksichtigen dabei nicht nur technisches Fachwissen, sondern den ganzen Mix aus Persönlichkeiten und geben dem einzelnen einen möglichst großen Freiraum. Und sie schirmen das Team gegen jeden Druck von außen und aus anderen Teilen der Organisation ab.

Die Ergebnisse der Studie lassen den Schluß zu, daß effektive Führungskräfte kreativer Gruppen über fünf wesentliche Eigenschaften verfügen:

◆ Sie billigen den Teammitgliedern einen möglichst großen Freiraum zu.

◆ Sie ermutigen die Leute, als Team an Probleme heranzugehen, um jedes einzelne Problem mit gebündelter kreativer Energie bewältigen zu können.

◆ Sie geben den einzelnen Mitarbeitern Halt und Unterstützung, vor allem nach Fehlschlägen.

◆ Sie übertragen dem einzelnen weitreichende Verantwortung und ermöglichen ihm die Entscheidung, nicht nur darüber, wie er an eine Aufgabe herangehen möchte, sondern auch, welche Aufgabe er überhaupt übernehmen will.

◆ Sie schirmen ihr Team gegen Druck von außen und aus anderen Abteilungen ab.

Doch diese Elemente werden für verschiedene Leute auf unterschiedliche Weise wichtig.

„Nehmen wir beispielsweise den Freiraum", sagt Whatmore. „Der ist doch eine herrliche Metapher für Experimente. Es gibt den Freiraum zu tun, was einen interessiert; den Freiraum, um Mitternacht mit einer Arbeit zu beginnen; den Freiraum, sein Bündel zu schultern, und natürlich den Freiraum, Fehler zu begehen."

Streberinstinkt

Gates spricht die Sprache der Computer-Programmierer. Er redet häufig über die „maximale Bandbreite" und soll einer seiner Freundinnen den Spitznamen 32-Bit gegeben haben. Das ist einerseits eine seiner größten Stärken als Führungskraft, andererseits aber auch eine seiner größten Schwächen. Zwar eröffnet ihm die gemeinsame Sprache einen zusätzlichen Kommunikationskanal zu den Technikern, über den sich das Potential der Microsoft-Mitarbeiter noch besser ausschöpfen läßt. Doch umgekehrt läßt dieses Strebervokabular und die Direktheit Gates oft alles andere als wortgewandt erscheinen, wenn er versucht, eine größere Öffentlichkeit anzusprechen.

(Auf die Frage des amerikanischen Journalisten Connie Chung, ob er sich selbst denn als Streber sehe, antwortete Gates: „Wenn Streber bedeutet, daß ich Spaß daran habe zu verstehen, was in so einem Computer abläuft, oder wenn ich stundenlang davor sitze und damit spiele und das so richtig genieße, dann ja." Was er jedoch nicht erwähnt hat, ist die Tatsache, daß ihn sein Strebertum schließlich zum reichsten Menschen der Welt gemacht hat.)

Gates' direkte und etwas ungeduldige Art und seine mangelnde Bereitschaft, unintelligente Leute zu dulden, wirken bisweilen ein wenig unzivilisiert. Hat er einen guten Tag, kann er richtig charmant sein, doch ist er schlecht gelaunt, kommt eine eher kratzbürstige Art durch. Trifft er Brancheninsider, redet er oft von oben herab, gibt sich sogar rechthaberisch gegenüber den Ideen der anderen. Bei internen Treffen platzt ihm häufig der Kragen – manche sprechen von veritablen Wutanfällen – wenn ihm die Richtung, die eine Diskussion einschlägt, nicht gefällt.

„Das ist wirklich die dümmste Idee, die ich je gehört habe", soll ein typischer Gates-Satz sein. Das ist vielleicht sehr unverblümt, aber es wird den Gesprächspartner schwerlich dazu bringen, seine Ideen offen vor Gates auszubreiten. Steve Ballmer, Gates seit über 20 Jahren hilfreich und freundschaftlich verbunden, weiß nur zu gut, wie der Microsoft-CEO bisweilen auftritt.

„Der Stil, wie Bill Ideen präsentiert, klärt und in Frage stellt, ist geradeheraus, ein bißchen dramatisch und manche würden wohl sagen, ein wenig rüde", erklärt er. „Doch Bill ist heute viel milder als noch vor zehn Jahren."[4]

„Echte Führungspersönlichkeiten wissen, daß sich Führungsqualität an der Nachhaltigkeit des Erfolges bemißt, und deshalb müssen laufend Führungskräfte für die Zukunft herangebildet werden", erklärt Noel Tichy von der University of Michigan. Führungskräfte müssen daher in die Entwicklung zukünftiger leitender Mitarbeiter investieren, und sie müssen direkt mit denen kommunizieren, die in ihre Fußstapfen treten sollen.

Tichy glaubt, die Fähigkeit, Führungsqualitäten an andere weiterzugeben, erfordere dreierlei. Erstens eine „vermittelbare Ansicht" – „Man muß in der Lage sein, klar und überzeugend über das zu sprechen, was man ist, warum man es ist, und wie man vorzugehen gedenkt." Zweitens braucht man als Führungsperson eine Geschichte. „Menschen lernen voneinander durch das dramatische Erzählen von Geschichten", schreibt Tichy und meint, das erkläre, warum Bill Gates und seinesgleichen das Bedürfnis verspüren, Bücher zu schreiben.[5] Das dritte erforderliche Element, um das Staffelholz erfolgreich weiterreichen zu können, ist die Lehrmethode: „Um ein großer Lehrer zu sein, muß man ein großer Lernender sein." Wirklich hervorragende Führungspersönlichkeiten sind immer begierig, mehr zu erfahren, und sie betrachten ihr Wissen niemals als abgeschlossen oder umfassend.

Der paranoide Prophet

Ein anderer Visionär des Silicon Valley, Andy Grove von Intel, prägte den Ausdruck: „Nur die Paranoiden überleben", und verwendete diesen Ausspruch als Titel für sein Buch (*Only the Paranoid Survive*). Dieser Satz könnte ebenso gut von Bill Gates stammen. „Je erfolgreicher ich bin", erklärte Gates, „desto verletzlicher fühle ich mich."

Von Anfang an und trotz seiner an ein Wunder grenzenden Gewinnspannen sorgte sich Gates stets um die finanzielle Situation von Microsoft. „Im Rückblick sieht man natürlich, daß unser Umsatz und unsere Gewinne im Grunde ja jährlich um 50% gestiegen sind, und das seit unserer Gründung. Trotzdem erinnere ich mich immer nur an die Sorgen, die ich hatte. Fragen Sie mich zu einem bestimmten Jahr, und ich werde Ihnen sagen, oh, das war ein schreckliches Jahr, wir mußten damals Multiplan (ein Finanzplanungsprogramm) herausbringen und auf dem Markt einführen, oder das war doch auch das fürchterliche Jahr, in dem wir die Microsoft-Maus herausgebracht haben, die wir dann nicht verkaufen konnten, so daß die Lager überquollen davon, oder das war das elende Jahr, in dem wir einen Typen zum Vorsitzenden machten, der sich dann überhaupt nicht bewährt hat."[6]

Sogar heute noch, gibt Gates an, sei er von einer „latenten Angst" geplagt, daß das Unternehmen irgendwie selbstherrlich werden und sich von flinkeren Konkurrenten überholen lassen könnte. „Jedes Unterneh-

Gates über Trägheit:

„Jedes Unternehmen wird in Zukunft von ‚Business as usual' die Finger lassen müssen. Große Unternehmen werden nur dann Erfolg haben können, wenn sie selbst es sind, die ihre Produkte alt aussehen lassen, nicht die Konkurrenz."

men wird in Zukunft von ‚Business as usual' die Finger lassen müssen. Große Unternehmen werden nur dann Erfolg haben können, wenn sie selbst es sind, die ihre Produkte alt aussehen lassen, nicht die Konkurrenz."[7]

Es sagt viel aus über das Computergeschäft, daß zwei derart erfolgreiche Unternehmer dieselben Ängste haben. Andererseits überrascht es nicht, wenn man die Geschwindigkeit bedenkt, mit der sich ihre Märkte verändern. Was diese beiden modernen Wirtschaftsmagnaten offenbar verstanden haben, ist die Tatsache, daß in ihrem Geschäft der Wandel eine Konstante ist. Je etablierter man ist, desto verletzlicher wird man in seiner Position. Das Problem für den Marktführer einer Branche, die sich in einer Art ständigen Revolution befindet, besteht darin, daß man an einem Tag ganz obenauf sein kann, und am nächsten bereits völlig erledigt, weil man irgendeine Richtungsänderung nicht rechtzeitig bemerkt und mitgemacht hat.

Die Notwendigkeit, jeden Paradigmenwechsel sofort zu erkennen, wird in High-Tech-Unternehmen besonders evident. Niemand weiß dies besser als Bill Gates. Schließlich war es gerade ein solcher Paradigmenwechsel, der IBM bei einer kleinen Verschnaufpause überrascht und dazu verleitet hat, den Markt des eigenen Betriebssystems wie auf dem Serviertablett zu präsentieren, einen Markt, der sich schließlich als die dominante Position im Softwaregeschäft entpuppen sollte. Aus diesem Grund verhält sich Microsoft bisweilen beinahe wie eine multiple Persönlichkeit, die mehrere verschiedene und sogar inkompatible Technologien weiterführt, aus Angst, auf das falsche Pferd zu setzen. Als wichtigster Späher und selbsternannter Visionär des Unternehmens verfügt Gates über die nicht eben beneidenswerte Aufgabe, den Horizont fortwährend nach der nächsten wichtigen Entwicklung abzusuchen. Da kann einem manchmal doch auch etwas Wichtiges entgehen.

Besser spät als nie

Vor einigen Jahren schienen sich über Redmond dunkle Wolken zusammenzuziehen. Untergangspropheten munkelten, das Internet könnte Microsoft das Grab schaufeln. Gates, so sagten sie, wäre von den rasanten Fortschritten der internationalen Vernetzung sozusagen im Schlaf überrascht worden und hätte die Umwälzungen in der PC-Softwareindustrie verpaßt. Manche zogen bereits Parallelen zu IBM, das zu Beginn der achtziger Jahre mit dem Schwenk von Mainframe-Computern zu PCs außer Tritt geraten war, eine Situation, aus der Bill Gates schließlich als einer der Gewinner hervorging.

Eineinhalb Jahrzehnte später schien der Computerzirkus wieder voll in Schwung zu sein. Und jetzt meinten Kritiker, ausgerechnet der illustre Microsoft-Firmenchef sei der letzte bei Microsoft, der das Potential des Internets für private Nutzer erkannt habe. Das hätte das Unternehmen teuer zu stehen kommen können. Doch glücklicherweise hatte Microsoft, als bei Bill endlich der Groschen fiel, zumindest die nötigen Ressourcen, um eine erfolgversprechende Aufholjagd beginnen zu können.

„Das Internet ist jedenfalls keine Modeerscheinung. Es ist etwas ganz Phantastisches: Es verstärkt die Bedeutung von Software und Computern."[8] Die Fans von Bill Gates sagen, sein Meinungsumschwung und seine Bereitschaft, eine Technologie zu übernehmen, die er früher nicht mochte, zeigen doch große Charakterstärke und sind bezeichnend für die Art des Führungsstils, der in der

Gates' revidierte Meinung über das Internet:
„Das Internet ist jedenfalls keine Modeerscheinung. Es ist etwas ganz Phantastisches: Es verstärkt die Bedeutung von Software und Computern."

modernen Geschäftswelt so nötig ist. Es gibt sogar eine akademische Theorie, die seine Idee stützt (oder vielleicht versuchen die Management Theoretiker einfach, Gates' Managementstil im nachhinein theoretisch zu untermauern). Charles Schwenk von der Indiana University behauptet jedenfalls, der Ruf von Managmenttheoretikern nach starken Visionen könnte der erste Schritt in Richtung eines Unternehmenstotalitarismus sein.[9]

Strategische Knackpunkte

In seinem Buch Only the Paranoid Survive *spricht Andy Grove von Intel über „strategische Knackpunkte". Diese, so sagt er, treten auf, wenn die Wettbewerbsposition eines Unternehmens in eine Übergangsphase eintritt. Es ist der Punkt, an dem die Firma ihre Richtung ändern und sich an die neue Situation anpassen muß, um nicht einen Flop zu riskieren.*

„Während eines strategischen Knackpunktes macht die Art und Weise, wie ein Unternehmen funktioniert, die eigentliche Struktur und das Konzept des Unternehmens einen Wandel durch", erklärt Grove. „Das Ironische an der Sache ist nur, daß an diesem Punkt selbst eigentlich gar nichts passiert. Es ist so ähnlich wie das Zentrum eines Wirbelsturms. Im Auge des Sturms regt sich kein Lüftchen, doch sobald er sich weiterbewegt, trifft er einen mit voller Wucht.

Und genau das geschieht auch im Zentrum der Umwandlung von einem Organisationsmodell zum nächsten. Die Ironie hier besteht nur darin, daß man die Veränderungen, obwohl es sich um wirklich tiefgreifende Umwälzungen handelt, nur allzu leicht übersieht."

Auch Peter Job, leitender Manager beim Nachrichten- und Finanzgiganten Reuters, weiß, wie rasch sich die Spielregeln verändern können. So könnte das Internet durchaus ein neues Paradigma darstellen. „In solchen Zeiten", sagt er, „kommt es darauf an, daß man den Strategiekoffer einfach auf dem Bahnhof stehen läßt und nur noch eins versucht: rasch auf den Zug aufzuspringen."

Schwenk glaubt, daß die Entscheidungsfindung eher auf einer Vielfalt von Meinungen aufzubauen hätte als auf einer vereinfachten Formulierung der Unternehmensziele. Das erfordere einen „zurückhaltenden Führungsstil" und daß „die Vision des Top-Managements nicht allzu klar ausformuliert (und mit weniger Nachdruck durchgesetzt) wird, als es uns die Verfechter der Unternehmensvision empfehlen".

Er weist überzeugend darauf hin, wie lange es dauerte, ehe Microsoft das Internet für sich vereinnahmte, nachdem es das Netz gar nicht als fruchtbaren Boden für Geschäfte angesehen hatte. Die angeblich allumfassende Vision des Bill Gates schien den Einstieg ins Internet nicht mit einbezogen zu haben. Schließlich änderte Gates nach heftigem internen Lobbying seine Meinung, und auch sein Unternehmen befaßte sich nun mit Internet-Diensten. Nach herkömmlichem Maßstab war das ein Zeichen schwacher Führung. Schließlich sind Visionen wertlos, wenn sie sich im Handumdrehen ändern können.

Aufgeben haben Führungspersönlichkeiten à la John Wayne nicht im Programm. Doch überlegen Sie noch einmal! Was wäre, wenn Bill Gates unrecht gehabt hätte? Sollte man immer nur eine Sicht der Zukunft haben? Schwenk ist anderer Meinung: „Wenn exzentrische Ansichten nicht toleriert werden, kann wahrscheinlich keine noch so ausgeklügelte Strategie zur Förderung unterschiedlicher Meinungen den Entscheidungsfindungsprozeß in einer Organisation verbessern."

Andere würden hier einwenden, daß das Beispiel Internet ohnehin nur zeigt, daß sogar Bill bisweilen falsch liegt. Tatsache ist aber, daß er – jedenfalls bisher – alles daran gesetzt hat, viele Dinger eher richtig als falsch zu machen. Erst die Zeit wird zeigen, ob er über die nötigen Antennen verfügt, um die Erfolge von Microsoft ins einundzwanzigste Jahrhundert hinüberzuretten, oder ob sein Alter ihn automatisch disqualifizieren wird.

Der einzigartige Blick in die Zukunft

„Die Frage, mit der sich Unternehmen heute konfrontiert sehen, lautet: Wie soll man eine Strategie ganz und gar ohne richtungsweisenden Plan entwickeln? IBM ist schließlich auch nicht eines Morgens aufgewacht und wußte, wie nach Drogeneinwirkung, nicht mehr weiter. Das Unternehmen hatte in den achtziger Jahren keinerlei Probleme mit der Umsetzung – es hatte nur zehn Jahre davor ein Problem mit dem Vorausblick."

Das jedenfalls meint Gary Hamel, Gastprofessor für Strategisches und Internationales Management an der London Business School und Mitautor von Competing for the Future, *jenes Buches, das den Begriff „Kernkompetenzen" in das Vokabular der Betriebswirte einschleuste. Die Gabe, in die Zukunft blicken zu können, so sagt Hamel, ist der Schlüssel zu einer funktionierenden Strategie. Dabei ist es nicht das Ziel, vorherzusagen, was geschehen könnte, sondern „herauszufinden, welche Zukunft man selbst gestalten und her-*

beiführen kann. Es geht darum zu gewinnen, indem man selbst die Spielregeln ändert."

Nach Ansicht von Hamel benötigen Unternehmen keine Führungspersönlichkeiten mit großen Ideen. „Die nächste Phase besteht in der Entwicklung hin zu nicht-linearen Strategien", meint er. „Sie stellen einen Quantensprung dar und werden sicher nicht von den Leuten an der Spitze des Unternehmens entwickelt."

„Der Visionär von gestern steckt heute in der Zwangsjacke", erklärt Hamel. „Sehen Sie sich doch an, wie Microsoft auf das Internet reagiert hat. Bill Gates war der letzte in seinem Unternehmen, der es kapiert hat."

Was die Unternehmen brauchen, meint Hamel, ist das richtige Gehör für neue Stimmen. In vielen Organisationen heißt über die Zukunft zu sprechen mit immer denselben Leuten immer dasselbe zu reden. Mit der Zeit mangelt es dann an genetischer Vielfalt. Es ist eine Ironie, daß in den meisten Unternehmen gerade die jungen Leute, die eigentlich die Zukunft des Unternehmens sein sollten, aus der Debatte ausgeschlossen bleiben.

„Organisationen benötigen eine Hierarchie der Vorstellungskraft, nicht der Erfahrung. Sie brauchen keine Visionäre, sondern Aktivisten."

Visionen haben

Bill Gates ist der neue Typ des erfolgreichen Geschäftsmanns. Im Laufe der Jahre konnte er mehrmals zeigen, daß es in der Computerbranche sicher keinen anderen gibt, auf den die Bezeichnung Visionär oder Seher besser zuträfe. Sein profundes Verständnis der Technologie und seine einzigartige Fähigkeit, Daten zu kombinieren und zu extrapolieren, verleihen ihm ein besonderes Geschick, wenn es darum geht, zukünftige Trends auszumachen und die Microsoft-Strategie zu prägen. Das ruft bei Microsoft-Fans Ehrfurcht hervor und schüchtert die Konkurrenz ein.

◆ **Hinsetzen und nachdenken.** Gates sagt, er bezahle seine Leute dafür, daß sie „dasitzen und nachdenken". Aber mehr noch als die berühmt-berüchtigten exzentrischen Programmierer bei Microsoft betrachtet Gates selbst seine Rolle als jene eines Visionärs für sein Unternehmen. Die anderen, eher prosaischen Aspekte der Unternehmensführung widerstreben ihm, und seiner Ansicht nach ist es sein Job, einen Plan für die Zukunft zu erstellen.

◆ **Soviel wie möglich übernehmen und es adaptieren.** Ein Kritikpunkt, den man im Zusammenhang mit Microsoft immer wieder hört, lautet, das Unternehmen sei in Sachen Innovation gar nicht so toll, sondern stehle einfach die Ideen anderer. Unbestritten gut ist Microsoft jedoch, wenn es darum geht, das wirtschaftliche Potential neuer Ideen und deren Vermarktung zu erkennen.

◆ **Die Sprache beherrschen.** Gates spricht selbst die Sprache der Computer-Programmierer. Er redet immer wieder von „Bandbreite", und einer seiner Freundinnen soll er den Spitznamen „32-Bit" verpaßt haben. Das ist einerseits eine seiner großen Stärken als Führungskraft, andererseits aber auch eine seiner größten Schwächen. Weil er sich kollegial und auf derselben Ebene mit Technikern unterhalten kann, verfügt er über einen zusätzlichen Kom-

munikationskanal, über den er seine Mitarbeiter zu noch gewagteren Höhenflügen inspiriert. Andererseits läßt ihn seine an einen Streber erinnernde Ausdrucksweise und seine Direktheit doch etwas linkisch und ungeschickt wirken, wenn er versucht, mit einer breiteren Öffentlichkeit zu kommunizieren.

◆ ***Gefahr von hinten.*** *Gates sagt, er werde von einer „latenten Angst" getrieben, sein Unternehmen könne träge und selbstgefällig und schließlich von flinkeren Konkurrenten überrollt werden. „Jedes Unternehmen wird in Zukunft von ‚Business as usual' die Finger lassen müssen. Große Unternehmen werden nur dann Erfolg haben können, wenn sie selbst es sind, die ihre Produkte alt aussehen lassen, nicht die Konkurrenz."[10]*

◆ ***Besser spät als nie.*** *Kritiker meinten, ausgerechnet der illustre Chef sei der letzte bei Microsoft gewesen, der das Potential des Internets für private Nutzer erkannt habe. Das hätte das Unternehmen teuer zu stehen kommen können. Doch als der Groschen schließlich auch bei Bill fiel, verfügte Microsoft zum Glück über die nötigen Ressourcen, um eine erfolgversprechende Aufholjagd beginnen zu können. „Das Internet ist sicherlich keine Modeerscheinung", sagte Gates vor kurzem. „Es ist etwas ganz Phantastisches; es verstärkt die Bedeutung von Software und Computern."*

Anmerkungen:

1 Bill Gates, „Watching His Windows", *Forbes* 1997

2 Wallace, James und Erickson, Jim, *Mr. Microsoft. Die Bill-Gates-Story,* Ullstein, Berlin 1994

3 Kehoe, Louise, „Engineers of the Electronic Era", *Financial Times,* 1. Januar 1995

4 Kehoe, Louise, „Engineers of the Electronic Era"

5 Tichy, Noel M., „The Mark of a Winner", *Leader to Leader,* Herbst 1997

6 Schlender, Brent, „Bill Gates and Paul Allen Talk", *Fortune,* 2. Oktober 1995

7 Kehoe, Louise, „Engineer of the Electronic Era"

8 Kehoe, Louise und Dixon, Hugo, „Fightback ath the Seat of Power", *Financial Times,* 10. Juni 1996

9 Schwenk, Charles R., „The Case for Weaker Leadership", *Business Strategy Review,* Herbst 1997

10 Kehoe, Louise, „Engineer of the Electronic Era"

Alle strategischen Punkte besetzen

Wenn man untätig bleibt, sinkt der Wert des bisher Erreichten rasch auf Null.

Bill Gates[1]

Ein wesentliches Element des Microsoft-Erfolgs ist die Fähigkeit, zahlreiche Projekte gleichzeitig zu betreiben. Gates selbst ist der Prototyp eines Menschen mit Multitasking-Fähigkeiten, und man sagt von ihm, er könne problemlos mehrere technische Gespräche zugleich führen.

Brachliegende geistige Fähigkeiten nennt Gates „ungenutzte Bandbreite", und er hat eine Reihe von Techniken entwickelt, um dafür zu sorgen, daß seine eigene Bandbreite weitestgehend genutzt wird.

Dazu gehört das Anheften von Plänen an der Zimmerdecke und das Mitnehmen von Ausgaben des *Economist* und wissenschaftlicher Journale, wenn er seine Freunde zum Lunch trifft. Gates' Fähigkeit, mehrere verschiedene Gesprächsfäden gleichzeitig aufzunehmen, hat dazu geführt, daß ihn Microsoft-Insider im Branchenjargon bisweilen als „massiv parallel" beschreiben.[2]

Seine Fähigkeit, sich mit einer Vielzahl von Ideen zugleich zu beschäftigen, zeigt sich unter anderem im unternehmerischen Ansatz von Microsoft. In Seattle werden laufend neue Märkte und neue Software-Anwendungen erkundet. Diese umfassende, flächendeckende Bearbeitung des Marktes verhindert, daß das Unternehmen die nächste große Entwicklung verpaßt.

Multitasking Man

„Wir verfolgen eine Mehrprodukte-Strategie, was bedeutet, daß einige unserer Produkte zwar eher schwach abgeschnitten haben, daß jedoch der gesamte Mix an Produkten extrem gut angekommen ist", sagt Gates. „Außerdem arbeiten bei uns viele Leute gleichzeitig an einem Problem. Um zu sehen, wie das funktioniert, braucht man sich nur unsere Umsatzzuwächse anzusehen; die beschreiben eine beinahe senkrechte Kurve nach oben."

Während der 30minütigen Fahrt von seinem Anwesen am Lake Washington bis zum Microsoft-Campus in Redmond telefoniert Gates praktisch die ganze Zeit über sein Handy. Diese Gespräche gehen dann oft noch eine Stunde lang weiter, nachdem er schon eingeparkt hat.

Aber auch sein Wohnsitz über dem Lake Washington, der viele Millionen Dollar gekostet hat, ist auf Multitasking hin ausgerichtet. Zusätzlich zur Parkgarage im Keller, in der sich eine Sammlung von Porsches befindet, verfügt das Anwesen über einen eigenen Strand und ein Heimkino. Der Speisesalon, es soll sich dabei um einen Pavillon handeln, kann bis zu 100 Microsoft-Mitarbeiter gleichzeitig aufnehmen.

Teils Privatwohnung, teils Büro, ist es ein Testgelände für alle Arten von Multimedia-Entwicklungen. Als käme es direkt aus einem Science-fiction-Film oder einem James-Bond-Streifen, vereint dieses Haus die neueste Technologie mit Luxus. So findet man dort modernste Computer-Un-

Während der 30minütigen Fahrt von seinem Anwesen am Lake Washington bis zum Microsoft-Campus in Redmond telefoniert Gates praktisch die ganze Zeit über sein Handy. Diese Gespräche gehen dann oft noch eine Stunde lang weiter, nachdem er schon eingeparkt hat.

terhaltungsanlagen mit hoch auflösenden Bildschirmen und Datenbanken mit Glasfaserkabel-Zuleitungen, was es Gates ermöglicht, praktisch jedes Bild auf der Welt auf Knopfdruck abzurufen. Er muß dazu nur ein Thema auf seiner Computertastatur eingeben, und schon erscheint das gewünschte Bild auf dem Bildschirm.

Der Sprung ins kalte Waser als Therapie

Eine der härtesten Herausforderungen für Bill Gates ist es, jeden technologischen Wandel mit zu vollziehen. Bei dem Druck, der entsteht, wenn man eines der mächtigsten Unternehmen der Welt leitet, und angesichts der weltweiten Verbreitung der Technologien ist es keineswegs einfach, mit den Entwicklungen Schritt zu halten. Gates ist für seinen rationalen Zugang zu Problemen berühmt geworden. Es überrascht daher kaum, daß er denselben Ansatz auch bei seinem eigenen Zeitmanagement wählt.

In einem Interview im *Playboy* gab Gates an, er habe das Fernsehen aufgegeben, nicht, weil es ihm keinen Spaß mache, sondern weil er seine Zeit nicht damit verschwenden wolle. In seinem Anwesen über dem Lake Washington verfügt Gates über eine große Bibliothek mit über 14.000 Büchern – ganz wesentlich für einen Mann, dessen intellektuelle Neugier ihn in viele, völlig verschiedene Richtungen treiben kann. Natürlich sei er immer auf dem neuesten Stand in Sachen Weltnachrichten, sagt er, indem er den *Economist* von der ersten bis zur letzten Seite liest. Um seine Zeit so produktiv wie möglich nützen, fährt er möglichst erst im letzten Augenblick zum Flughafen. Diese Gewohnheit hat übrigens dazu geführt, daß er seinen eigenen Parkplatz vor der Microsoft-Zentrale in Redmond bekam.

Gates' intellektuelle Disziplin erstreckt sich übrigens

auch auf seine Urlaube. Bis vor wenigen Jahren nahm er überhaupt keinen Urlaub, weil er das nur als ein Zeichen der Schwäche betrachtet hätte. Heute geht er in jedem Jahr mehrmals auf Urlaub und behauptet, er habe eine Methode gefunden, um seine Ferien produktiver zu gestalten, indem er sie unter ein bestimmtes Motto stellt. Unlängst fuhr er beispielsweise nach Brasilien und wählte dafür das Thema Physik. Auf seiner Reise las er etliche Bücher über Physik, darunter *Die Doppelhalix* von James D. Watson.

Um auch bei den neuen Technologien stets auf dem laufenden zu bleiben, versammelt Gates immer wieder führende Experten auf einem bestimmten technischen Gebiet um sich und läßt sich von ihnen in intensiven Briefing-Sitzungen informieren. Diese Informationstage nennt er „think weeks" – Denkwochen, und er meint damit, daß er sich voll und ganz auf das jeweilige Fachgebiet einläßt. In dieser Zeit saugt Gates Informationen auf wie ein Schwamm, denn er liebt es, immer wieder neue Dinge zu lernen.

„Auch in der Technologie macht es Spaß, etwas Neues zu erfahren", sagt er. „Wenn ich beispielsweise herausfinden möchte, wohin wir uns mit dem asynchronen Übertragungsmodus bewegen, laden wir Experten ein, mir diese Dinge zu erklären. Ich verbringe hier zwei ganze Denkwochen damit, alle Unterlagen zu lesen, die mir kluge Leute schicken. Schließlich will ich up-to-date sein, um mir darüber klar zu werden, wie sich die vielen kleinen Puzzleteilchen zusammenfügen."[3]

Overdrive

Abgesehen von ein oder zwei bekannt gewordenen Ausnahmen ist gerade die Geschwindigkeit, mit der Microsoft neue Anwendungen seit jeher auf den Markt bringt, ein

Markenzeichen des Unternehmens, das Bill Gates einen wichtigen Wettbewerbsvorteil verschafft.

Gates war von Anfang an klar, daß es oft besser ist, mit einem guten Produkt als Erster auf den Markt zu kommen, als mit einem hervorragenden Produkt doch nur Zweiter zu sein. Schließlich läßt sich ein Projekt immer noch nachträglich ausfeilen, und Fehler können auch später noch beseitigt werden.

> *Gates war von Anfang an klar, daß es oft besser ist, mit einem guten Produkt als Erster auf den Markt zu kommen, als mit einem hervorragenden Produkt doch nur Zweiter zu sein.*

Kritiker dieser Microsoft-Strategie sehen Probleme mit der ersten Version einer Software mitunter als schwerwiegende Fehler an. Doch Gates ist sich völlig bewußt, daß es strategisch gesehen häufig wichtiger ist, das Produkt gleich herauszubringen, als mit der Markteinführung auf 100%ige Perfektion zu warten.

Die flinke Organisation

Eine Bestätigung der Strategie der schnellen Schritte enthält ein preisgekrönter Artikel in der **California Management Review** *aus der Feder der Stanford-Professorin Kathleen Eisenhardt. Unter dem Titel „Speed and Strategic Choice: How Managers Accelerate Decision Making" (Geschwindigkeit und strategische Auswahl: Wie Manager ihre Entscheidungsprozesse beschleunigen) bezieht sich der Artikel auf eine Studie der Autorin (die sie gemeinsam mit ihrem Kolle-*

gen Jay Bourgeois von der University of Virginia durchgeführt hat) über das Verhalten der Entscheidungsträger in 12 Computerfirmen im Silicon Valley. Sie stellte fest, daß die langsameren Unternehmen 12 bis 18 Monate benötigten, um das fertigzubringen, was die schnelleren in zwei bis vier Monaten schafften.

In ihrem Artikel weist Professor Eisenhardt auf fünf wichtige Unterschiede zwischen der Gruppe der Langsamen und der Schnellen hin:

1. Die Schnellentschlossenen schwammen in einem tiefen, bewegten See voller Echtzeitinformationen, während die Langsamen sich auf Planung und Informationen der Zukunftsforschung stützten.

2. Die Schnellentschlossenen konzentrierten sich auf einige wenige Schlüsselmaßnahmen im operativen Bereich wie Buchungen, Meilensteine in den Bereichen Kassa und Technik, aktualisierten diese häufig täglich und setzten pro Woche bis zu drei Sitzungen des Top-Managements an, um zu verstehen, „was überhaupt vorgeht". Zur Kommunikation nützten sie E-Mails und persönliche Gespräche anstelle von Memos und langen Berichten, die für die Langsamentschlossenen so typisch waren.

3. Die Langsamentschlossenen überlegten sich auch weniger Alternativen als ihre schnelleren Gegenspieler und sezierten jede einzelne Alternative minutiös, während die flinken Entscheidungsträger ganze Bündel von Optionen gleichzeitig abhandelten.

4. Die Langsamen waren durch Konflikte und laufende Verzögerungen „paralysiert", während die pfeilschnelle Konkurrenz in Konfliktsituationen aufblühte und diese als

natürliche und wünschenswerte Bestandteile des gesam-
ten Prozesses ansah; der Hauptverantwortliche war je-
doch jederzeit bereit einzuschreiten und nötigenfalls
selbst eine Entscheidung zu treffen. In den schnelleren
Unternehmen verließ man sich auf einen „älteren und er-
fahrenen" Mentor, der um Rat gefragt wurde, während
die Langsamen keinen solchen Ratgeber aufzuweisen
hatten.

5. *Schließlich, so sagt Professor Eisenhardt, hatten die*
   Schnellentschlossenen sämtliche Strategien und Taktiken
   im Griff, sie jonglierten immer gleichzeitig mit Budgets,
   Zeitplänen und Optionen. Die Langsamen hingegen un-
   tersuchten Strategien erst wie in einem luftleeren Raum
   und stolperten bei der Umsetzung von Entscheidungen
   häufiger über Details.

Schlaflos in Seattle

Gates ist bekanntermaßen hyperaktiv, eine Eigenschaft, die sich im Computergeschäft als sehr wertvoll erwiesen hat. Stillsitzen ist für ihn so gut wie unmöglich, und seine Gewohnheit, beim Sprechen oder Denken hin- und herzuwippen, ist in der Branche weithin bekannt. Als Geschäftsmann ist Gates ebenfalls rastlos, was Microsoft bisher jene gefürchtete Trägheit und Selbstgefälligkeit erspart hat, von der Rivalen wie IBM heimgesucht wurden.

In der wahrscheinlich rasantesten Branche der Welt zahlt es sich aus, ständig nach vorn zu sehen und auf die nächste große Entwicklung zu warten. Gleichgültig, wie erfolgreich oder reich er auch wird, Gates läßt nicht locker. Es muß seinen Konkurrenten so manche schlaflose Nacht bereiten, daß er noch immer nicht bereit ist, sich auf seinen

Lorbeeren auszuruhen. Was sollte seinen Rivalen im Softwaregeschäft auch sonst zu denken geben, wenn nicht die erbarmungslose Gewißheit, daß dieser Typ in Seattle rücksichtslos und unermüdlich weitermacht?

Tatsache ist, daß Gates einer der schwersten Fälle von intellektueller Neugier ist, die je bekanntgeworden sind. Sogar im Urlaub verschlingt er ein Buch nach dem anderen, nur um seinen Wissensdurst zu stillen. Diese Eigenschaft mag unter anderem erklären, warum Microsoft in einer Branche, in der schon viele erfolgreiche Unternehmen auf der Strecke geblieben sind, nach wie vor Erfolge verzeichnet. Sie ist einer der Faktoren, die Bill Gates zu einem Todfeind machen.

Auf Nummer Sicher

In den letzten Jahren ist überdies klar geworden, daß Gates die Geschäftschancen der Zukunft auch weit außerhalb der Grenzen der USA wittert. Er investiert in die Infrastruktur vieler Länder und pumpt Geld in deren Bildungswesen, in dem viele das nächste große Wachstumspotential sehen. Und auch hier scheint Gates die Nase wieder einmal vorn zu haben. Seine Strategie hat er aus seiner einzigartigen Sichtweise und Synthese der Informationen, die er von allen Seiten erhält, entwickelt. Das postindustrielle Zeitalter sieht Gates unter dem Motto Bildung und Lernen.

„Welche Länder und Unternehmen sind am besten darauf vorbereitet, vom Informationszeitalter zu profitieren, das unsere Gesellschaft revolutioniert? Wenn man darüber nachdenkt, so hatte dieses Land noch vor 15 Jahren einen echten Minderwertigkeitskomplex, was seine Fähigkeiten, mit dem Rest der Welt zu konkurrieren, betrifft", sagt er.

„Jeder sprach darüber, wie die Japaner sich der Unterhaltungselektronik bemächtigt hätten und daß nun die

Computerindustrie als nächste an der Reihe sei, weil das japanische System der harten Arbeit unserem irgendwie überlegen sei, weshalb wir das, was wir taten, völlig überdenken müßten. Wenn man sich nun ansieht, was in der Welt der PCs oder in der Wirtschaft im allgemeinen vor sich geht, oder wohin all das Kapital fließt, so sind die USA heute in einer sehr starken Position. Und deshalb waren die ersten Nutznießer der Informationstechnologie die USA."

Nach Gates' Ansicht machte Silicon Valley in der ersten Phase der Revolution das Rennen, doch das bedeutet nicht automatisch, daß es seinen Platz auch für die zweite Phase gesichert hat. „In Singapur, Hongkong und in den skandinavischen Ländern", bemerkt er, „übernehmen die Leute die neuen Technologien etwa ebenso schnell wie wir. Und es gibt einige Länder, in denen sich gemessen am Einkommensniveau die neuen Technologien sogar noch rascher verbreiten als bei uns, weil sie dort ernsthaft an den Wert der Bildung glauben. In Korea und in vielen Teilen Chinas beobachten wir eine ganz unglaubliche PC-Dichte, und das bei sehr niedrigen Einkommensniveaus, weil die Leute dort der Ansicht sind, daß der PC das Werkzeug ist, das ihren Kindern helfen wird, im Leben voranzukommen.

Die ganze Welt wird davon profitieren. Es wird zu gewaltigen Umwälzungen kommen, und danach wird sich das Einkommensniveau des einzelnen nicht mehr nach dem Land richten, aus dem er kommt, sondern nach dem Ausbildungsniveau. Heute verdient ein Akademiker in Indien nicht annähernd so viel wie in den USA: Wenn wir es möglich machen, daß das Internet Dienstleistungen und Beratungstätigkeiten ebenso effizient transportiert wie heute Waren transportiert werden, dann muß ein im wesentlichen offener Markt für einen Ingenieur in Indien entstehen, der dann in direkte Konkurrenz mit einem US-Ingenieur tritt. Langfristig dient das einmal allen, weil wir unsere Ressourcen auf diese Weise besser nutzen, aber die Menschen in den Entwicklungsländern werden wohl am stärksten davon profitieren, wenn sie das Glück haben, eine gute Ausbildung zu genießen."

Alle strategischen Punkte besetzen

Ein wesentliches Element des Microsoft-Erfolgs ist die Fähigkeit, zahlreiche Projekte gleichzeitig zu betreiben. Gates selbst ist der Prototyp eines Menschen mit Multitasking-Fähigkeiten, und man sagt von ihm, er könne problemlos mehrere technische Gespräche zur selben Zeit führen. Außerdem geht er am liebsten auf Nummer Sicher. Und das sind die Geheimnisse, wie Bill Gates alle strategischen Punkte besetzt:

◆ ***Mehrere Süppchen am Kochen erhalten.*** *„Wir verfolgen eine Strategie vieler Produkte", sagt Gates, „damit auch für den Fall, daß einige Projekte ein Flop werden, insgesamt doch ein großer Erfolg herauskommt. Außerdem arbeiten bei uns immer viele Leute an einem Projekt. Daß das funktioniert, kann man aus unseren Umsatzzuwächsen ablesen – die Kurve verläuft beinahe senkrecht."*

◆ ***Lernen, lernen, lernen.*** *Um mit den neuen Technologien Schritt halten zu können, versammelt Gates gern eine Schar anerkannter Experten um sich, von denen er sich gründlich informieren läßt. Solche Zeiten der Information nennt er „think weeks", Denkwochen, und er vertieft sich dabei gern in ein Thema, zu dem er alle Informationen aufsaugt wie ein Schwamm.*

◆ ***Weniger hektisch, und trotzdem schneller.*** *Abgesehen von ein oder zwei vieldiskutierten Ausnahmen war die Geschwindigkeit, mit der Microsoft neue Produkte auf den*

Markt brachte, seit jeher charakteristisch für das Unternehmen aus Seattle. Bill Gates erreichte damit einen beträchtlichen Wettbewerbsvorteil.

◆ **Bloß nicht zurücklehnen und ausruhen!** *Gates ist bekanntermaßen hyperaktiv, und das hat ihm gerade in der Computerbranche sehr geholfen. Er scheint eigentlich nie stillsitzen zu können, und die ganze Branche spricht über seine Gewohnheit, beim Reden oder Nachdenken ständig hin- und herzuwippen. Auch in geschäftlichen Dingen ist Gates rastlos, was Microsoft jedoch bisher die Trägheit und Selbstgefälligkeit erspart hat, die Rivalen wie IBM so zu schaffen machten.*

◆ **Auf Nummer Sicher gehen.** *Es zeigt sich immer deutlicher, daß Gates zukünftige Geschäftschancen längst auch außerhalb der USA sucht. So investiert er in die Infrastruktur zahlreicher Länder, um sein Risiko weitestmöglich, also global zu streuen, und steckt dort Geld in das Bildungswesen, das von vielen als der nächste große Wachstumssektor bezeichnet wird. Auch hier hat Gates offensichtlich die Nase vorn. Wenn er auf Nummer Sicher geht, dann global. Die dabei angewandte Strategie hat mit seiner einzigartigen Methode der Datensichtung und –synthese zu tun.*

Anmerkungen:

1 Kehoe, Louise und Dixon, Hugo, „The FT Interview", *Financial Times,* 10. Juni 1996

2 Stross, Randall, E., *The Microsoft Way: the Real Story of How the Company Outsmarts Its Competition,* Addison-Wesley Longman, Inc., Reading, 1996

3 Jager, Rama D. und Ortiz, Rafael, *In the Company of Giants,* McGraw-Hill, New York, 1997

Das Unternehmen in Byte-Größe errichten

Größe und hervorragende Leistungen sind Gegensätze. Auch wenn wir ein großes Unternehmen sind, dürfen wir nicht wie ein großes Unternehmen denken, denn das wäre unser Untergang.

Bill Gates

Gemessen an seiner Bewertung auf dem Aktienmarkt bleibt Microsoft ein relativ kleines Unternehmen. Auch intern gliedert sich der Konzern laufend in kleinere Einheiten, um ein unternehmerisch denkendes Umfeld zu gewährleisten. Bisweilen finden Umstrukturierungen so rasch statt, daß Microsoft im Wochenrhythmus neue Divisionen zu gründen scheint. Gates legt Wert auf die Beibehaltung einer einfachen Struktur, um sein Unternehmen besser im Griff behalten zu können. Sobald er das Gefühl hat, die Kommunikationswege seien zu lang oder zu verschlungen, fackelt er nicht lange und vereinfacht die Unternehmensstrukturen.

Der kleinste Großkonzern der Welt

Obwohl Microsoft heute Tausende Menschen überall auf der Welt beschäftigt, versucht Gates, das Feeling und den Anschein eines Kleinunternehmens zu bewahren. „Auch wenn wir heute ein großes Unternehmen sind", meint er, „können wir es uns nicht erlauben, wie ein Großunternehmen zu denken, denn das wäre unser Untergang. Ich manage persönlich die Führungskräfte hier. Auf dem

Immer dann, wenn Microsoft wieder zu groß wird, untergliedert Gates es in kleinere Einheiten mit maximal 200 Mitarbeitern.

Papier sind es nur wenige Leute, die direkt für mich arbeiten. Und es ist richtiges Teamwork. Wir reden darüber, wie ich meine Zeit am besten nutze; wann und wie ich ihnen helfen sollte, damit sie ihre Arbeit hinkriegen."

Beobachter glauben, Gates sei besser als die meisten anderen Computerfirmen, jedenfalls besser als Apple, wenn es darum geht, den Spaß und die Faszination zu bewahren, die das Unternehmen von Anfang an zu einem emsigen, lebendigen, pulsierenden Ort gemacht haben. „Wir genießen es, miteinander zu arbeiten – das sind laute intelligente Leute, und wir haben einige sehr schwierige Probleme zu lösen", sagt Gates. „Da weht einem der rauhe Wind des Wettbewerbs um die Nase, und meine Leute schätzen das Feedback, das ich ihnen gebe, sogar das negative. Wir verdienen alle recht gut dabei, und die Arbeit macht uns Spaß – jedenfalls klagen die Leute nicht zu sehr."

Immer dann, wenn Microsoft wieder zu groß wird, untergliedert Gates es in kleinere Einheiten mit maximal 200 Mitarbeitern. Das Geheimnis der Microsoft-Struktur besteht darin, daß sie genau auf die Arbeitsweise ihres berühmten Chefs abgestimmt ist.

„Als wir erst 80 Leute waren, wußte ich, wann jeder kam und wieder ging. Ich kannte die Nummerntafeln auf ihren Autos und ihre Projekte. Ich hatte eine persönliche Beziehung zu jedem einzelnen und konnte jede Programmzeile noch einmal kontrollieren. Heute ist die ganze Arbeit nicht mehr so unmittelbar. Wir haben allein in der Produktentwicklung mehr als 3000 Leute. Natürlich kann ich sie nicht alle beim Namen nennen, na ja, immerhin kenne die wichtigsten Leute."

Teile und herrsche

Gates hat sein eigenes einzigartiges System zur Kontrolle von Microsoft entwickelt. Er genießt eine beinahe uneingeschränkte Macht als CEO. Anfang der neunziger Jahre strukturierte er Microsoft nach seinen eigenen Vorstellungen um.

Hierarchische Spitze des Unternehmens ist das Büro des Präsidenten, das aus drei seiner vertrautesten Mitarbeiter und ihm selbst besteht – das kaufmännische Gehirn von Microsoft. Darunter verfügt das Unternehmen über 15 Managementebenen, wobei ungefähr sieben Leute auf Ebene 15 rangieren. Diese, sie werden intern als „Architekten" bezeichnet, sind die längstgedienten und ranghöchsten unter den Softwareentwicklern. Obwohl sie besser programmieren können als der Chef, verfügt keiner von ihnen über dessen kollektive Vision, die ihn berühmt gemacht hat. Allein schon diese Tatsache erlaubt es ihm, sie intellektuell zu beherrschen. Man hat Gates grober Umgangsformen bezichtigt, doch er besteht darauf, daß die Art und Weise, wie er die Menschen behandelt, jeweils von diesen selbst bestimmt wird.

Über seine Stars unter den Programmarchitekten sagt Gates: „Einige von ihnen sind ziemlich ungewöhnliche Leute; man muß ihre Persönlichkeit verstehen. Ich selbst bin mit allen meinen Architekten befreundet. Wenn ich mit ihnen arbeite, haben wir genügend gegenseitigen Respekt, daß im Falle unterschiedlicher Meinungen ich die Entscheidung treffe und wir da einfach weitermachen."

Diese Struktur bedeutet, daß Gates nur zu einer Gruppe von drei Leuten und einer weiteren siebenköpfigen Gruppe zu sprechen braucht, um das gesamte Unternehmen zu kontrollieren. Das ist seine eigene Version des Grundsatzes „Teile und herrsche", und sie scheint zu funktionieren.

Große Teams, die wie kleine Teams arbeiten

Schon in den Anfängen von Microsoft kam Gates zu dem Schluß, daß die beste Software von kleinen Arbeitsteams entwickelt wird. Als das Unternehmen zu übersiedeln beschloß, wurde der Campus in Redmond so geplant, daß die Kleingruppenidentität gestärkt wurde. Um die richtige Umgebung zu schaffen, wurden Büros in mehreren zweistöckigen Gebäuden eingerichtet, die den Teammitgliedern die tägliche Interaktion mit ihren Kollegen in der Entwicklungsabteilung ermöglichen.

Gates hat auch eigene Strukturen eingeführt, die die Effektivität der Kleintteam-Mentalität stärken sollen. Nach Angaben des MIT-Professors Michael Cusumano hat er dabei mit Microsoft eine besondere Kultur geschaffen, die einerseits die Kreativität fördert – und zwar sowohl die individuelle als auch die der Teams – und die zugleich allen kaufmännischen Anforderungen und Zwängen gerecht wird.[1]

Die Produktentwicklungsphilosophie bei Microsoft wird als „synch-and-stabilize" bezeichnet. Dazu gehört die Bündelung der Kreativität durch das Herausarbeiten der gewünschten Merkmale und das „Fixieren" der verfügbaren Ressourcen sowie ein paralleles Vorgehen in allem und jedem mit „häufigen Synchronisationen". Was das genau bedeutet, ist nicht ganz durchschaubar, aber offensichtlich hat der Wahnsinn Methode.

Was einen beim Microsoft-Ansatz vor allem verblüfft, sagt Professor Cusumano, das ist die Tatsache, daß das Unternehmen keineswegs diese liberal geführte Ideenfabrik ist, als die es häufig hingestellt wird. Vor allem weist er darauf hin, daß die anscheinend entspannte Atmosphäre nur ein Teil des Gesamtbildes ist.

Zwar können Pizzas direkt an die Schreibtische geliefert werden, aber es gibt auch eine Menge Kontrolle – oder Disziplin – bei der Arbeit. Sie mag lustig und kollegial erscheinen, ist aber trotzdem eine ausgesprochen ernsthafte Angelegenheit. (Interessanterweise enthält Tim Jacksons jüngstes Intel-Buch ähnliche Beobachtungen über den Chip-Hersteller.) So werden beispielsweise Umfang und Ziel jedes einzelnen Projektes sorgfältig vorgegeben.

Die Zahl der beteiligten Leute und die Zeit, die sie mit einem bestimmten Projekt verbringen, werden ebenfalls genau kontrolliert. Einige Regeln sind unumstößlich – so müssen etwa Fehler unverzüglich korrigiert werden –, damit die Koordinierung der Arbeiten sichergestellt ist.

Doch, wie Michael Cusumano feststellt, ist das nichts weiter als gutes Projektmanagement, das für die Softwareentwicklung ebenso wichtig ist wie für jede andere Branche, die laufend neue Produkte herausbringt. Die Mitarbeiter erhalten einen Verantwortungsbereich zugeteilt und können über ihre eigenen Arbeitsmuster und -zeitpläne entscheiden – bis zu einem gewissen Punkt. Die Grenzen sind klar und einfach. Jeder weiß, wo er steht, wie das System funktioniert und was von ihm erwartet wird.

Flüchtiges Gold

Der Management-Autor und Silicon-Valley-Insider Tom Peters sieht die Sache so: „Auf Hirnarbeit basierende Unternehmen haben, verglichen mit herkömmlichen Firmen, etwas Ätherisches an sich, und das ist noch milde gesprochen. Stechuhren haben hier sicher nichts verloren... Das Bellen von Anweisungen ist absolut out. Neugierde, Initiative und die Übung der eigenen Kreativität sind dagegen in."[2]

Niemand verkörpert den Wechsel hin zum intellektuellen Kapital deutlicher als Bill Gates und Microsoft. Gates war einer der ersten, die erkannt haben, daß die Einstellung und

Niemand verkörpert den Wechsel hin zum intellektuellen Kapital deutlicher als Bill Gates und Microsoft.

die Bindung der besten Computerprogrammierer an das Unternehmen die einzige Methode ist, um Microsoft an der Spitze zu halten. Seit den Anfängen von Microsoft gewinnt Gates das „flüchtige Gold", den Intellekt seiner „High-IQ"-Kopfarbeiter.

Der Schlüssel zum Erfolg liegt für Gates in der Tatsache, daß er nicht gierig und jederzeit bereit ist, das Vermögen seines Unternehmens über Aktienbezugsrechte mit den Mitarbeitern zu teilen. Nach Angaben eines Magazins hat Gates mehr Leute zu Millionären gemacht als irgendein anderer Mensch in der Geschichte, sowohl innerhalb als auch außerhalb von Microsoft.

Der Aufstieg der Kopfarbeiter

Nach Angaben von Experten ist der Wechsel von der physischen zur geistigen Arbeit – „von Muskeln zu Hirn" – in entwickelten Volkswirtschaften bereits einigermaßen weit gediehen. Ausdrücke wie „Informationszeitalter" und „Kopfarbeiter" schwirren seit einiger Zeit überall herum.

Die Fachleute sind sich einig, daß intellektuelles Kapital – zusammengesetzt aus Wissen und Kreativität – heute zunehmend das physische Kapital als vermögensbildenden Faktor ersetzt, wobei das Vermögen früher aus Fabriken und Maschinen bestand. Intellektuelles Kapital ist heute wertvoller als alles, was bisher immer stolz ganz oben in der Bilanz ausgewiesen wurde.

Wenn aber intellektuelles Kapital der neue Wettbewerbsim-

perativ ist, dann sind auch neue Methoden im Umgang mit diesem Kapital erforderlich. In diesem Kontext erweist sich nun Bill Gates als eindrucksvolles Modell eines neuen Führungsstils.

Viele der größten Unternehmen der Welt überbieten sich gegenseitig, nur um den letzten Schrei der Managementtheorie zu übernehmen. Der Enthusiasmus der Firmen für Knowhow ist derzeit so groß, daß zahlreiche Konzerne bereits die Stelle eines „Wissensmanagers" ausgeschrieben haben. Die Xerox Corporation, General Electric und Hewlett-Packard sind nur einige Beispiele aus der durchaus illustren Runde, die nun versucht, Ideen und Know-how irgendwie dingfest zu machen. Bill Gates tut das erfolgreich seit über zwanzig Jahren.

Die Micro-Serfs an der langen Leine

Die Organisationsstruktur von Microsoft wirkt sich unter anderem auch positiv auf den Unternehmergeist der Mitarbeiter aus und kann für Gates selbst eine Versicherung gegen Pannen aller Art bedeuten. Jeff Lill war Mitglied eines Entwicklungsteams, das für die Errichtung eines Online-Dienstes als Konkurrenz zu AOL, Prodigy und Compuserve, den damaligen Marktführern, zuständig war. Diesem Team war klar, daß dem Internet bei Microsoft nicht die ihm gebührende Priorität eingeräumt wurde und daß das Unternehmen auf den Information-Superhighway zu spät aufgefahren war.

Als das Projekt Bill Gates vorgelegt wurde, zeigte er sich überaus skeptisch, was die Einhaltung der Fristen für die Fertigstellung betraf. Trotz dieser Ressentiments gab Gates jedoch grünes Licht und genehmigte zusätzliche Ressourcen, damit zumindest ein Versuch in die angepeilte Richtung unternommen werden konnte. Das Team zog sich daraufhin in einen abgelegenen Teil des Campus zurück. Die Mitglieder erklärten ihren Gebäudeteil zur „Microsoft Enterprise Zone" und arbeiteten anschließend völlig unabhängig vom Rest des Unternehmens an der Entwicklung der geplanten Anwendung.

Lill erklärt die Situation folgendermaßen: „Es war einfach perfekt. Wir waren ganz auf uns gestellt. Niemand störte uns... Ich nannte das Ganze die Microsoft Enterprise Zone, weil es wie ein kleines Kaff war, aber doch toll, weil wir den Platz hatten, den wir brauchten; und ehrlich gesagt habe ich es genossen, weg vom restlichen Campus zu sein. Ich wollte einen Aufruhr vermeiden, wenn vielleicht jeder fand, er könne irgendwie mitreden, und unsere Pläne aus uns herauszuquetschen versuchte. Ich wollte wirklich weit weg vom Schuß sein, damit wir die Arbeit erledigen und das Projekt auf den Weg bringen konnten."[3]

Mobilität ist wichtig. Die Produktentwickler wandern von Projekt zu Projekt und wetteifern um einen Platz bei den aufregendsten Neuentwicklungen. Es ist Teil der Microsoft-Kultur, daß die einzelnen Mitarbeiter auf diesem Weg ihre Sporen verdienen.

Bei Microsoft gibt es keine Statussymbole. Praktisch alle Büros auf dem Redmond Campus haben dieselbe Einrichtung und sind gleich groß – drei mal vier Meter. Das stärkt die egalitäre Kultur, vermeidet unnötiges Hickhack wegen der Größe der Büros, aber es hat auch noch einen anderen, praktischen Zweck. Standardisierte Büros machen das Übersiedeln viel einfacher. Das ist ein wichtiger Aspekt in einem Unternehmen, in dem es immer wieder zu Umstrukturierungen kommt.

Die architektonische Gestaltung des Campus ist die Voraussetzung dafür, daß das Gebäudemanagement bei Microsoft nötigenfalls über Nacht 200 Mitarbeiter in andere Büros übersiedeln kann.

Nur die Top-Manager bekommen größere Räume, nämlich einfach zwei zusammengelegte Normalbüros, aus denen die Trennwand herausgenommen wird. Gates selbst begnügt sich mit einem bescheidenen Büro und weigerte sich sogar jahrelang, einen eigenen Parkplatz zu beanspruchen, bis er feststellte, daß er ohne einen solchen nicht mehr in letzter Minute auf den Flughafen fahren konnte, um sein Flugzeug zu erreichen.

Das Unternehmen in Byte-Größe errichten

Gemessen an seiner Bewertung auf dem Aktienmarkt bleibt Microsoft ein relativ kleines Unternehmen. Auch intern gliedert sich der Konzern laufend in kleinere Einheiten, um ein unternehmerisches Denken zu gewährleisten. Bisweilen finden Umstrukturierungen so rasch statt, daß Microsoft im Wochenrhythmus neue Abteilungen zu gründen scheint. Gates legt Wert auf die Beibehaltung einer einfachen Struktur, um sein Unternehmen besser im Griff behalten zu können.

◆ *Für eine Kultur der kleinen Teams sorgen. Schon zu Beginn der Microsoft-Entwicklung war Gates klar, daß die beste Software in Gruppen mit nur wenigen Mitarbeitern entsteht. Als der Beschluß zur Übersiedlung in ein anderes Gebäude gefaßt wurde, plante man Campus in Redmond bewußt so, daß die Kleingruppenidentität gestärkt wurde.*

◆ *Das Feeling des Kleinbetriebs bewahren. Obwohl bei Microsoft heute viele tausend Mitarbeiter überall auf der Welt tätig sind, versucht Gates, das Feeling des Kleinbe-*

triebes mit allen Mitteln aufrechtzuerhalten. Auch wenn wir ein großes Unternehmen sind, dürfen wir nicht wie ein großes Unternehmen denken, denn das wäre unser Untergang."

◆ ***Für eine flache Hierarchie sorgen.*** *Gates hat sein eigenes einzigartiges System entwickelt, um Microsoft im Griff zu behalten. Er verfügt für einen CEO über eine Macht, die ihresgleichen sucht. Anfang der neunziger Jahre machte er sich an die Umstrukturierung seines Unternehmens nach seinen Vorstellungen. Heute muß er nur mit einer kleinen Gruppe von Managern Kontakt halten, um den ganzen Konzern kontrollieren zu können.*

◆ ***Das Vermögen mit anderen teilen.*** *Wahrscheinlich hat Gates mit seinen Aktienbezugsrechten mehr Leute reich gemacht als irgendein Mensch vor ihm.*

◆ ***Eine Meritokratie errichten.*** *Bei Microsoft sucht man vergeblich nach Statussymbolen. Respekt muß man sich hier verdienen.*

Anmerkungen:

1 Cusumano, Michael, „How Microsoft Makes Large Teams Work Like Small Teams", *Sloan Management Review,* Bd. 39, NR. 1, Herbst 1997

2 Peters, Tom, *Liberation Management,* Alfred A. Knopf Inc., New York 1992

3 Wallace, James, *Over Drive,* John Wiley & Sons, New York 1997

Niemals den Ball aus den Augen verlieren

Alle Produkte veralten doch irgendwann, da ist es klüger, wenn man sich mit Genuß an die Entwicklung der nächsten Version macht. Das ist wie beim Flippern – die Belohnung für den guten Spieler besteht in einer weiteren Gratisrunde.

Bill Gates[1]

Bill Gates steht nun seit über zwanzig Jahren an der Spitze seiner Branche. In dieser Zeit ist er zum reichsten Mann der Welt aufgestiegen – gar nicht schlecht für einen Mann Anfang Vierzig. Doch trotz seines enormen Reichtums und all seiner Erfolge zeigt Gates keinerlei Ermüdungserscheinungen. Er sagt, er werde von einer „latenten Angst" geplagt, die nächste große Entwicklung zu verpassen. Und er hat keineswegs vor, die Fehler anderer großer Computerunternehmen wie IBM oder Apple zu wiederholen.

„Ich weiß genau, daß wir, falls Microsoft weiterhin Marktführer bleibt, zumindest drei Krisen zu erwarten haben", prognostiziert er Übles.[2]

Die Gedanken des Vorsitzenden Bill

In den letzten Jahren fühlte Gates den Drang, seine Vision mit uns allen zu teilen. Sein Buch *Der Weg nach vorn*, in dem er seine Ansichten über die Zukunft der Technologie darlegt, veranlaßte so manchen zu der Überlegung, ob Gates' Eitelkeit nicht doch langsam überhand nehme. Obwohl das Buch großes Interesse weckte, war die Botschaft weder so inspirierend noch so aufregend, wie etliche Leute gehofft hatten.

Einige Kommentatoren beurteilten seine Formatwahl, nämlich die des traditionellen gedruckten Buches, als eigenartige Ironie angesichts der Tatsache, daß es um die Vermitt-

Der Weg nach vorn *befaßt sich auch damit, wie überflüssig die vorelektronischen Medien werden, und wurde dabei selbst über ein Medium vermittelt, das schon Caxton kannte, der angeblich die erste Druckerpresse erfunden hat.*

lung der Gates'schen Zukunftsvision ging: *Der Weg nach vorn* befaßt sich schließlich auch damit, wie überflüssig die vorelektronischen Medien werden, und wurde dabei selbst über ein Medium vermittelt, das schon Caxton kannte, der angeblich die erste Druckerpresse erfunden hat. Obwohl das Buch auch in einem Multimedia-Format angeboten wurde, berichten Leser, die ursprüngliche CD-Rom-Version sei voll technischer Schnitzer gewesen, was dem Ausspruch „Das Medium ist die Botschaft" einen völlig neuen Beigeschmack gab.

Fairerweise muß darauf hingewiesen werden, daß Gates selbst erklärt hat, er habe ebenso oft unrecht wie jeder andere in der Computerindustrie. Nur, so schränkt er ein, könne er es sich leisten, unrecht zu haben, weil er schließlich immer mehrere Projekten laufen habe.

Gates über das Treffen von Entscheidungen:
„Das ist mein Job, wozu wäre ich denn überhaupt da, könnte ich nicht Entscheidungen treffen?"

„Ich kombiniere und verarbeite eine Menge Informationen, um ein möglichst umfassendes Bild zu erhalten", erklärt er. „Es gibt also auch Fälle, in denen ich eine Sache ein wenig anders entscheide. Aber ich bin ja auch der CEO und für die Technologie-Strategie verantwortlich. Manchmal stehe ich mit meiner Meinung sogar vollkommen allein da, wenn es um eine technische Frage oder um ein Strategieproblem geht.

Wenn eine Produktentscheidung ansteht, analysiere ich die Situation oft auf meine eigene, persönliche Weise. Wenn es sich jedoch um eine geschäftliche Entscheidung handelt, reicht meine eigene Überzeugung für einen Alleingang fast nie aus. Dann nehme ich mir für gewöhnlich die Zeit, um mir die Ansichten meiner Mitarbeiter deutlicher erklären zu lassen. Das ist mein Job, wozu wäre ich denn überhaupt da, könnte ich keine Entscheidungen treffen?"

Nicht zurückschauen

„Wäre Microsoft ein Auto, müßte es ein sehr großes Gaspedal und eine sehr kleine Bremse haben. Vorne wäre eine Riesen-Windschutzscheibe, damit man sehen kann, was rundum so vorgeht, aber es gäbe keine Rückspiegel – wir wissen ohnehin, daß uns die Konkurrenz dicht auf den Fersen ist, also brauchen wir nicht zurückzuschauen", erklärt Mike Murray, stellvertretender Personalchef bei Microsoft.[3]

Wesentlich für den Microsoft-Erfolg ist die Bereitschaft von Gates, seinen Blick unverwandt auf das Geschehen vor sich zu richten. „Der Blick in den Rückspiegel ist... im wesentlichen verlorene Zeit", hat Gates einmal gesagt. Dieser Ausspruch erinnert an Henry Ford, der gemeint hat: „Geschichte, das ist doch Kram zum Einschlafen."

Aber Gates ist sich des Kontexts, in dem er sich befindet, natürlich sehr wohl bewußt. Er hat auch ein feines Gespür für die Geschichte seiner

„Wäre Microsoft ein Auto, müßte es ein sehr großes Gaspedal und eine sehr kleine Bremse haben. Vorne wäre eine Riesen-Windschutzscheibe, damit man sehen kann, was rundum so vorgeht, aber es gäbe keine Rückspiegel – wir wissen ohnehin, daß uns die Konkurrenz dicht auf den Fersen ist, also brauchen wir nicht zurückzuschauen."

Branche und der Technologie im Laufe der Jahrhunderte. Nach Angaben von Randall E. Stross, dem Autor von *The Microsoft Way,* ist Gates nicht aufrichtig, wenn er behauptet, er sehe niemals in den Rückspiegel.

„Tatsächlich sieht er doch zurück – häufig, gründlich, systematisch", sagt Stross. „Er zitiert in all den Diskussionen über Zukunftsstrategien ständig historische Beispiele. Er bedient sich einer historischen Perspektive, wenn er sagt, daß in der ganzen Geschichte des Computers keines der großen Unternehmen seine führende Position in der nächstfolgenden Entwicklungswelle halten konnte, und wenn er sich dann besorgt zeigt, daß gerade Microsofts Spitzenplatz im PC-Zeitalter das Unternehmen als Titelverteidiger in der Phase der Netzwerke disqualifizieren könnte. Gates' historische Sensibilität fließt in seine Analyse der Gegenwart und Zukunft ein, aber das würde er wohl nicht zugeben."

Der untergehenden Sonne entgegen

Angesichts der bemerkenswerten Erfolgsgeschichte der letzten zwanzig Jahre kann man nicht umhin, sich zu fragen, was denn ohne Bill Gates aus Microsoft würde.

Das meiste Unbehagen bereitet Microsoft-Beobachtern die Frage, was geschehen wird, wenn Bill Gates einmal zurücktritt. Die Machtübergabe von einem Chef auf den nächsten kann enorme Auswirkungen nicht nur auf die Arbeitsmoral der Mitarbeiter und den Geschäftserfolg, sondern auch auf den Aktienkurs von Microsoft haben.

Häufig ist eine Schar fähiger Ersatzleute das beste Mittel, um etwaige Sorgen diesbezüglich zu dämpfen. Talentierte junge Manager zu fördern ist für Führungskräfte aber oft alles andere als eine Selbstverständlichkeit. Viele von ihnen mußten auf ihrem schlüpfrigen Weg nach oben selbst ihre

Rivalen abwehren. Ihnen erscheinen potentielle Nachfolger häufig als Bedrohung. Aus demselben Grund kann es für einen neuen Chef auch schwierig sein, aus dem Schatten seines mächtigen Vorgängers herauszutreten. Dieser Effekt wird zuweilen nach der früheren britischen Premierministerin als das Thatcher-Phänomen bezeichnet.

Angesichts der bemerkenswerten Erfolgsgeschichte der letzten zwanzig Jahre kann man nicht umhin, sich zu fragen, was denn ohne Bill Gates aus Microsoft würde.

Doch am gravierendsten wird das Nachfolgeproblem bei einer kleinen Gruppe von führenden Unternehmern – darunter Rupert Murdoch, Ross Perot und Richard Branson, die tatsächlich unersetzlich sind. Diese Männer spielen eine derart dominierende Rolle in ihren Unternehmen, daß sie immer als Einheit betrachtet werden. Und Bill Gates ist wahrscheinlich am schwierigsten zu ersetzen. Das Problem lautet deshalb: Was wird aus diesen Firmen, wenn die Bosse einmal gehen?

Gates spielt die Frage herunter: „Dieser ganze Unsinn in der Presse, die ein Unternehmen in einem einzigen oder einigen wenigen Menschen personifiziert, ist doch nur eine unzulässig grobe Vereinfachung und eine völlig falsche Darstellung der Realität."[4]

Aber Berichte, wonach Gates bereits mit seinem Freund, dem Investment-Guru Warren Buffett, über seine Nachfolge gesprochen haben soll, zeigen doch, wie sensibel das Thema sein kann. Die Nachricht, der Microsoft-Gründer könnte sich darauf vorbereiten, das Zepter des Giganten unter den Softwareherstellern einem Nachfolger weiterzureichen, wird möglicherweise den Aktienkurs des Unternehmens in Turbulenzen bringen.

Buffetts Einstellung zu Nachfolgefragen ist typisch für seine Lebensweise. „Ich werde einfach bis fünf Tage nach

Nachdem ein so großer Teil seines persönlichen Vermögens in Microsoft-Aktien steckt, scheint eines sicher: Falls und wenn Gates sich entschließt auszusteigen, wird er den Aktionärsinteressen sicherlich Priorität einräumen.

meinem Tod weiterarbeiten", ließ er vor kurzem verlauten, „und ich habe den Vorständen schon eine Alphabettafel für spiritistische Sitzungen gegeben, damit sie nach wie vor mit mir in Verbindung bleiben können. Sollte die Tafel nicht funktionieren, so haben wir auch noch einige herausragende Leute, die das fortführen können, was ich tue."[5]

Gates schließt sich seinem Freund an: „Meine Einstellung ist der von Warren sehr ähnlich. Ich will noch sehr, sehr lange das weitermachen, was ich derzeit tue. Vielleicht werde ich in zehn Jahren irgend jemanden suchen, der dann die Rolle des CEOs spielt, auch wenn ich weiter bis über beide Ohren in Microsoft-Angelegenheiten stecke. Aber das ist schließlich mein Beruf."

„Die Auswahl dieser Person beschäftigt mich sehr, aber ich habe wahrscheinlich noch fünf Jahre Zeit, bevor ich konkrete Schritte unternehme. Für den Fall einer Überraschung... na ja, wir haben für alle Eventualitäten vorgesorgt."

Doch wie diese Vorsorge konkret aussieht, hat Gates bisher nicht verraten. Nachdem ein so großer Teil seines persönlichen Vermögens in Microsoft-Aktien steckt, scheint eines sicher: Falls und wenn Gates sich entschließt auszusteigen, wird er den Aktionärsinteressen sicherlich Priorität einräumen.

Der digitale Weise

Aus verständlichen Gründen löst Bill Gates bei all jenen, die ihn als Propheten und Baumeister des Digitalzeitalters feiern, ehrfürchtiges Staunen aus. Will man gerecht sein, so muß man zugeben, daß sein Ruf als Visionär zum Teil, vielleicht sogar großteils gerechtfertigt ist. Die Geschichte wird ihn vielleicht besser behandeln, als es derzeit seine zahlreichen Feinde und Rivalen tun, die meinen, er würde nichts weiter tun, als seine Monopolposition rücksichtslos auszunutzen. Ohne Gates und Microsoft wäre die PC-Revolution möglicherweise längst nicht so weit gediehen. Doch Gates ist viel zu klug, um sich auf seinen Lorbeeren auszuruhen. Er weiß besser als jeder andere Vertreter der Computerbranche, wie trügerisch der von ihm beschrittene Weg ist. Schließlich hat er mehr als einmal mit ansehen müssen, wie jemand über die Klippen gestürzt ist.

„Im Technologiegeschäft gibt es immer wieder eine Menge Irrungen und Wirrungen", bemerkt er. „Doch diese Branche macht wahrscheinlich deshalb so viel Spaß, weil sich hier kein Unternehmen auf seinen Lorbeeren ausruhen kann. IBM war mächtiger als es irgendein anderes Technologieunternehmen je sein wird, und doch ist es bei einigen Kurven ins Schleudern gekommen. Deshalb wacht man täglich auf und denkt, hm, also heute muß ich wirklich aufpassen, daß wir die nächste Kurve nicht übersehen. So sollte ich dringend feststellen, was auf dem Gebiet der Spracherkennung derzeit läuft oder in puncto künstlicher Intelligenz. Und ganz sicher sollten wir uns bemühen, nur die richtigen Leute einzustellen, damit wir keine bösen Überraschungen erleben.

Trotzdem gibt es immer wieder Überraschungen. Das Internet stand zu Anfang auf unserer Prioritätenliste an fünfter oder sechster Stelle. Nicht daß mir jemand davon erzählte und ich fragte: ‚Wie schreibt man das eigentlich?' Nein, ich sagte: „Ja, ja, das habe ich schon in meine Liste aufgenommen, ist ohnehin alles okay.' Doch dann kam ein Punkt, an dem ich feststellte, daß alles viel rascher lief und auch viel tiefer ging, als wir angenommen hatten. Deshalb mußte ich als Microsoft-Chef für Krisenstimmung sorgen, und wir überschlugen uns dann einige Monate lang mit Ideen und E-Mails und gingen auch mehrmals in Klausur. Schließlich entwickelte sich eine neue Strategie, und wir konnten uns sagen: ‚Okay, genau so werden wir es machen; das werden unsere internen Maßstäbe sein; und das soll die Welt von unserem Vorgehen bemerken.'"

Eine solche Krise kommt so etwa alle drei oder vier Jahre. Dann muß man den Kopfarbeitern im Unternehmen genau zuhören. Deshalb bemüht sich eine Frima wie die unsere, möglichst viele Leute anzuziehen, die ganz unterschiedlich denken, und man muß eine Menge divergenter Meinungne zulassen, um dann die richtigen Ideen herauszufiltern und mit Elan an ihre Umsetzung zu gehen."

Die Schnellen und die Toten

Letzten Endes gleicht Gates, wie unzulänglich seine Visionen auch sein mögen, unter all den Zampanos in der Computerindustrie am ehesten Leonardo da Vinci, dem berühmten Zukunftsforscher der Renaissance, dessen Zeichnungen phantastischer Maschinen erst Jahrhunderte nach seinem Tod Realität wurden. Abgesehen von seiner Porsche-Sportwagensammlung und einem Anwesen um $ 35 Millionen ist Gates eigentlich ein recht sparsamer Mann. Eine Ausnahme gönnte er sich nur mit dem Kauf eines Manuskripts mit Zeichnungen von Leonardo da Vinci – eines Mannes, dessen Visionen der Zukunft sich in späteren Jahrhunderten als richtig erwiesen haben.

Doch anders als sein Vorbild ist Gates im Hier und Jetzt verwurzelt. Sein hervorstechendstes Merkmal ist die Fähigkeit, technologische Innovation mit blankem Pragmatismus zu verbinden. Gates kennt seine Grenzen – ein selten anzutreffender Zug bei Menschen, die so viel erreicht haben.

„Wenn man eine Sache gut beherrscht, muß man achtgeben, daß man nicht zu eingebildet wird und glaubt, auch Experte in anderen Dingen zu sein, von denen man vielleicht keinen Schimmer hat", meint Gates bescheiden. „Ich komme täglich ins Büro und kann da mit einem wunderbaren Team arbeiten, hervorragende Software herstellen, ich kann mir das Feedback anhören und forschen. Und bloß, weil ich darin ziemlich erfolgreich war, kommen die Leute und erwarten, daß ich von ganz anderen Dingen auch etwas verstehe, und dabei habe ich doch keine Ahnung.

Ich glaube, daß wir eine bestimmte Methode haben, unser Unternehmen zu führen – wie wir Leute einstellen, ein entsprechendes Umfeld schaffen und Aktienbezugsrechte als Entlohnungsbestandteil nutzen –, eine Methode, die sich auch auf andere Branchen anwenden ließe. Aber ich bin vorsichtig und will nicht behaupten, daß wir die Lösung für alle Probleme gefunden haben."[6]

Letztlich hat doch Bill Gates' Rastlosigkeit mehr als alles andere zu Microsofts Erfolg geführt. Dieser Mann hat immer verstanden, daß das Tempo, mit dem sich in dieser Branche alles ändert, für die Wettbewerbsposition seines Unternehmens entscheidend ist. Bisher war Microsoft schneller als der Rest der Meute. Um seine Position zu erhalten, zögerte sein berühmter Chef nie, die Vergangenheit hinter sich zu lassen, um für die Zukunft offen zu sein. Mehr als jede andere Person in diesem Jahrhundert versteht Gates, was der Begriff von der technologischen Revolution wirklich bedeutet. Er weiß, daß es nur zwei Sorten von Unternehmen geben kann: die schnellen und die toten.

Niemals den Ball aus den Augen verlieren

Bill Gates steht nun seit über zwanzig Jahren an der Spitze seiner Branche. In dieser Zeit ist er zum reichsten Mann der Welt aufgestiegen – gar nicht schlecht für einen Mann Anfang Vierzig. Doch trotz seines enormen Reichtums und seiner Erfolge zeigt Gates keinerlei Ermüdungserscheinungen. Die letzten Lehren aus der Gates' School of Business lauten:

◆ *Keine Erklärungsversuche! Gates hat offensichtlich das Bedürfnis, seine Vision mit anderen zu teilen. Sein Buch* Der Weg nach vorn *führt uns seine Vision der technologischen Zukunft vor Augen. Trotzdem tat sich die Frage auf, ob Gates' Eitelkeit nicht überhand nimmt. Obwohl das Buch sehr viel Interesse geweckt hat, ist seine Botschaft weder so inspirierend noch so aufregend, wie viele gehofft hatten.*

◆ *Nie zurückschauen. Wesentlich für den Microsoft-Erfolg war Gates' Bereitschaft, seinen Blick unbeirrt auf die Fahrbahn vor sich zu richten. „In den Rückspiegel zu schauen ist... naja, im großen und ganzen einfach Zeitverschwendung", sagt Gates. Und doch ist er sich seiner Geschichte und seines Werdegangs bewußt.*

◆ *Die Nachfolge umsichtig planen. Bei seiner zwanzigjährigen Erfolgsgeschichte läßt es sich nicht vermeiden, daß die Leute fragen, was mit Microsoft einmal ohne Bill Gates passieren wird. Das Problem der Nachfolge bringt den Mann mit dem Midas-Nimbus ein wenig in ein Dilemma. Nachdem aber ein so großer Teil seines persönlichen Vermögens in Microsoft-Aktien steckt, scheint eines sicher: Falls und wenn Gates sich entschließt auszusteigen, wird er den Aktionärsinteressen sicherlich Priorität einräumen.*

- **Die Zukunft aktiv gestalten.** Der Name Gates ruft bei denen, die in Gates den Propheten und Baumeister des digitalen Zeitalters sehen, Ehrfurcht hervor. Fairerweise muß man zugeben, daß sein Ruf als Visionär teilweise oder sogar vollständig gerechtfertigt ist. Die Geschichte wird ihn möglicherweise freundlicher beurteilen, als es seine zahlreichen Kritiker und Konkurrenten tun, die sagen, daß er einfach seine Monopolposition nutzt.

- **Hungrig bleiben.** Bisher war Microsoft einfach schneller unterwegs als der Rest der Meute. Um seine Position halten zu können, scheute sein berühmter Chef nie davor zurück, die Vergangenheit hinter sich zu lassen, um sich der Zukunft widmen zu können. Mehr als jede andere Persönlichkeit in diesem Jahrhundert versteht Gates, was der Ausdruck „technologische Revolution" wirklich bedeutet. Er weiß, daß es nur die Schnellen und die Toten gibt.

Anmerkungen:

1 Crainer, Stuart, *The Ultimate Book of Business Quotations,* Capstone, Oxford 1998

2 Schlender, Brent, „The Bill and Warren Show", *Fortune,* 20. Juli 1998

3 Clutterbuck, David und Goldsmith, Walter, *The Winning Streak Mark II,* Orion 1997

4 Jager, Rama D. und Ortiz, Rafael, *In the Company of Giants,* McGraw-Hill, New York 1997

5 Schlender, Brent, „The Bill and Warren Show."

6 Schlender, Brent, „The Bill and Warren Show."

Reich werden nach der Bill-Gates-Methode

Mit seinem Nettovermögen von knapp 50 Milliarden Dollar ist Bill Gates der reichste Mensch der Welt. Als dieses Buch geschrieben wurde, übertraf die Aktienbewertung von Microsoft erstmals jene des Giganten General Electric, und der Softwareproduzent in Seattle wurde zum größten Unternehmen der USA. Der seit mehr als zwei Jahrzehnten geradezu spektakulär erfolgreiche Gates ist der mächtigste der neuen Unternehmer, „King of the nerds" wird er genannt, König der Streber.

(Auf die Frage der amerikanischen Journalistin Connie Chung, ob er sich denn selbst als Streber sehe, antwortete Gates: „Wenn Streber bedeutet, daß ich Spaß daran habe zu verstehen, was in einem Computer abläuft, oder wenn ich stundenlang davor sitze und damit spiele und das so richtig genieße, dann ja." Was er jedoch nicht erwähnt hat, ist die Tatsache, daß ihn sein Strebertum schließlich zum reichsten Mann der Welt gemacht hat.)

Wie er das macht? Eine sorgfältige Analyse der Art und Weise, wie Bill Gates Microsoft leitet, führt uns zu zehn Geheimnissen seines Erfolges:

1. Zur richtigen Zeit am richtigen Ort

Im Zeitalter der Kopfarbeit machen technisches Know-how und Kreativität das Vermögen der Unternehmen aus. Kombiniert mit Geschäftssinn und Konkurrenzfähigkeit ergeben sie eine überaus wertvolle Mischung von Eigenschaften. Bill Gates verfügt über diesen Mix. Doch auch eine bemerkenswerte Portion Glück hat ihm zu seinem Höhenflug verholfen, bei dem seine speziellen Talente erst richtig zur Geltung kommen.

2. Sich in die Technologie verlieben

Es ist eine lebenslange Liebesaffaire, die Bill Gates mit dem PC verbindet. Schon in den Anfängen der Computertechnik hatten Gates und sein Partner Paul Allen erkannt, daß der PC alles verändern würde. Die beiden sprachen bis spät in die Nacht darüber, wie die Welt nach Einführung des PCs aussehen könnte. Sie zweifelten nie daran, daß die Revolution stattfinden würde. „It's going to happen", es wird passieren, lautete das Glaubensbekenntnis für das damals eben erst flügge gewordene Microsoft, und Gates und Allen waren überzeugt davon, die Software für dieses neue Kapitel in der Menschheitsgeschichte zu schreiben.

3. Keine Gefangenen

Gates ist ein harter Konkurrent. Er will der Sieger sein. Das macht ihn zu einem erbitterten Widersacher. Dieser Mann nimmt sich kein Blatt vor den Mund und spricht offen davon, seine Konkurrenz zu zermalmen und zerquetschen.

4. Nur die hellsten Köpfe einstellen

Gates sucht seit jeher nach den intelligentesten Menschen in der gesamten Computerindustrie und stellt sie ein. Er verfolgt damit bewußte eine Strategie, die sicherstellt, daß das Unternehmen über die besten Mitarbeiter der Branche verfügt. Dafür wurde Gates gelegentlich als elitär kritisiert, doch immerhin ist er einer der ersten Unternehmer, die wirklich verstanden haben, was intellektuelles Kapital bedeutet.

5. Überleben lernen

Mit Microsoft hat Bill Gates eine gefräßige Lernmaschine in Gang gesetzt. Das ist seiner Meinung nach das Merkmal einer „intelligenten Organisation" und die einzige Methode, um einen einmal begangenen Fehler nicht noch einmal zu machen. Seine Konkurrenten sind nicht so umsichtig wie er. Indem er von den Fehlern anderer profitiert, führt er sein Unternehmen zum Erfolg.

6. Keinen Dank erwarten

Schmerzlich war für Bill Gates die Lehre, daß Berühmtheit und schlechter Ruf nahe beieinander liegen. Man kann nicht erwarten, der reichste Mensch der Welt zu werden, ohne sich auf dem Weg nach oben Feinde zu machen – und in der Computerbranche hat Bill Gates mehr als genug davon.

7. Visionen haben

Bill Gates ist der neue Typ eines erfolgreichen Unternehmers. Im Laufe der Zeit konnte er immer wieder zeigen, daß er unter sämtlichen Experten der Computerbranche einem Seher und Propheten am nächsten kommt. Seine profunde Kenntnis der Technologie und seine einzigartige Fähigkeit, Fakten zu verbinden und Schlüsse daraus zu ziehen, verschafft ihm eine hervorragende Position, wenn es darum geht, zukünftige Trends zu erkennen und die Microsoft-Strategie in die entsprechende Richtung zu lenken. Das ruft bei Microsoft-Fans Ehrfurcht und bei der Konkurrenz blankes Entsetzen hervor.

8. Alle strategischen Punkte besetzen

Ein wesentlicher Faktor für den Microsoft-Erfolg ist die Fähigkeit, eine Vielzahl von Projekten gleichzeitig zu betreiben. Gates selbst kann das besser als jeder andere, er soll sogar mehrere technische Gespräche zugleich führen können. Auch bei der Risikostreuung hat er sich als überaus erfolgreich erwiesen.

9. Das Unternehmen in Byte-Größe errichten

Gemessen an seiner Bewertung auf dem Aktienmarkt ist Microsoft nach wie vor ein kleines Unternehmen. Auch intern gliedert sich der Konzern laufend in kleinere Einheiten, um Unternehmergeist unter den Mitarbeitern zu gewährleisten. Bisweilen wird so schnell umstrukturiert, daß Microsoft beinahe wöchentlich neue Abteilungen einzurichten scheint. Gates legt Wert darauf, die Organisationsstruktur möglichst einfach und übersichtlich zu gestalten, um das Unternehmen im Griff behalten zu können.

10. Niemals den Ball aus den Augen verlieren

Gates steht nun bereits seit über zwanzig Jahren an der Spitze seiner Branche. In dieser Zeit ist er zum reichsten Menschen der Welt aufgestiegen – nicht so übel für einen Mann Anfang Vierzig. Doch trotz seines enormen Reichtums und seines Erfolgs zeigt Gates keinerlei Ermüdungserscheinungen.

Ein Wort zum Schluß

Und was machen wir nun mit diesem Bill Gates? Wie Randall E. Stross, Autor von *The Microsoft Way*, meint: „Wir haben die Wahl. Entweder können wir das Bild von Bill Gates als Antichrist übernehmen, wobei Microsoft das Reich des Bösen darstellt, die dort produzierte Software nur Mist ist und der Erfolg des Unternehmens eigentlich nur auf Betrug, Lügen, juristische Tricks und brutalstes Marketing zurückzuführen ist. Oder wir nehmen das Unternehmen beim Wort und glauben, daß es die PC-Revolution in gutem Glauben eingeleitet hat, und daß sein Markterfolg nichts weiter als die Belohnung für all die Dienste ist, die Microsoft der Welt geleistet hat."[1]

Jede Geschichte hat zwei Seiten. Die Recherchen von Stross, für die er auch Zugang zu den Archiven von Microsoft bekam, veranlaßten ihn, der zweiten Erklärung Glauben zu schenken. Doch wie auch immer man die Geschäftspraktiken von Bill Gates beurteilt, dieser Mann läßt sich nicht ignorieren. In der Geschichte der Wirtschaft gab es noch nie einen Menschen, der in so jungem Alter so erfolgreich war. Und es gab auch nie jemanden, der andere auch nur annähernd so schnell reich gemacht hat.

Also was stimmt nun: Computer-Visionär oder rücksichtsloser Monopolist? Messias oder Antichrist? Bill Gates ruft zweifellos extreme Reaktionen hervor. Die Realität ist wahrscheinlich nicht ganz so phantastisch. Gates ist einfach ein sehr kluger Mensch, der über unglaubliche Energien verfügt und unbedingt gewinnen möchte. Und doch erinnert er uns auch ein wenig an den Zauberer von Oz. Trotz seiner unbestrittenen Intelligenz kann er wahrscheinlich dem Bild, das er der Außenwelt vermittelt, letztlich nicht gerecht werden.

Inmitten all Begeisterung und all der Anschuldigungen, die dieser Mann auslöst, zeichnet sich eine Tatsache klar und deutlich ab: Bill Gates ist der größte aller Computer-Unternehmer, weil er einerseits den technischen Verstand hat, um zu erkennen, was als nächstes auf uns zukommen wird, und andererseits auch über das kaufmännische Geschick verfügt, um seine Produkte zu verkaufen. Das macht ihn wahrlich zu einer Persönlichkeit. Die Power, die er ausstrahlt, gründet sich auf seine Rolle an der Schwelle zur PC-Revolution, als er das Potential der neuen Technologie erkannte und ein neues Zeitalter einläutete. Es wird nie wieder einen Menschen wie ihn geben.

Anmerkung:

1 Stross, Randall E., *The Microsoft Way: the Real Story of How the Company Outsmarts Its Competition,* Addison-Wesley Longman, Inc., Reading 1996

Index